德国工程教育质量保障建构机制研究

Research on Quality Assurance Mechanism of
Engineering Education in Germany

胡德鑫 著

社会科学文献出版社
SOCIAL SCIENCES ACADEMIC PRESS (CHINA)

前　言

伴随着以工业智能化和互联网产业化为代表的新一轮工业革命在全球范围内的持续开展，专业认证作为工程教育质量保障的核心方式，其价值和地位日益凸显。自中世纪以来，德国高校素有高度自治的历史传统，但随着全球化时代的到来，欧洲高等教育一体化建设和《华盛顿协议》的广泛开展等外部因素成为推动德国建立专业认证制度的原始驱动力，德国被迫在坚守传统与改革创新之间做出艰难抉择。从历史制度主义的分析范式来看，在外部因素的冲击下，德国高校自治的传统路径被迫中断，从制度正常期进入制度断裂期。德国通过由政府主导的自上而下的"强制性制度变迁"，构建起一整套完善的以专业认证制度为核心的工程教育质量保障体系。

为有效应对机遇与挑战，德国在工程教育领域进行了一系列大刀阔斧的改革，构建起包括认证组织、目标、标准和程序等一整套完善的专业认证制度。认证标准作为专业认证制度的最核心环节，主要分为通用和专业两种标准、学士和硕士两个层级要求，同时达到这两个标准和两个层级要求才能通过认证。为有效促进认证标准目标的实现，德国各技术委员会还制定了一整套与认证标准相适应的能力要求与示范性课程。以利益相关者的视角分析来看，政府、高校、企业和行业协会四类群体虽然在德国专业认证制度体系中扮演着不同角色，但彼此科学分工、相互协作。基于多重制度逻辑的分析范式，在政治逻辑、学术逻辑、市场逻辑内部，德国分别成立16州文教部长联席会议、联邦认证委员会、高校校长联席会议以及以德国工程师协会为代表的多种行业协会等发挥"缓冲器"作用的中介组织，有效缓解和协调三者的矛盾与冲突，最终实现德国专业认证制度的系统均衡，进而有效促进专业认证制度在工程教育质量保障中发挥作用。

作为国家工程教育系统的重要构成部分，职业学院并未纳入国家统一的专业认证制度体系之中。德国各州职业教育在长期的实践中根据自身的实践情况形成各具特色的质量保障模式，其中较为经典的模式包括以 PDCA 为基础的 ISO9001 模式、以 RADAR 为基础的 EFQM 模式和以全面质量管理为基础的 Q2E 模式等。Q2E 模式主要由学校办学目标、个体发展与反馈、领导控制、内部评价、外部评价、认证六个核心过程要素构成，其相互配合与协作，共同形成一个系统性的整体，以推动职业学院质量的不断提升，其已成为德国目前运用最为广泛、最受欢迎的职业教育质量保障模式。同时，为有效促进职业学院质量保障体系的建构和运行，德国政府在价值引导、制度支撑、标准建设、运行模式、动机机制五个方面为其提供有效支撑。

从创造力系统的视角来看，慕尼黑工业大学在质量保障体系构建过程中，通过场域（师资队伍建设），领域（学科专业建设、课程内容与教学方式变革），个体（人才培养模式）三者共同的作用，形成了一个不断推进人才培养质量提高的螺旋式上升系统，从而推动其在激烈的国际竞争中保持领先。在场域层面，建立以研究与发展、学术性教学与学术性参与为核心的适合教师职业生涯发展不同阶段的绩效评估标准体系；在领域层面，建立跨学科学术组织结构和知识体系，以及一整套以结果和技能为基础的教学基本指导框架；在个体层面，引入能力倾向评估和推荐，与大学、科研机构、企业进行深度合作，积极拓展全球合作伙伴网络和支持学生的创新创业，努力拓展学生的职业生涯发展渠道等。

在中国工程教育专业认证体系的构建和运行过程中，几乎都是以美国为代表的发达国家作为样板，具有"移植型"和"追赶型"的特征，从而一定程度上忽视了自身的具体国情和发展特色。此外，在实际运行过程中，制度、组织、技术和实践层面等面临诸多问题和挑战。从目前工程教育发展的实际来看，融入《华盛顿协议》依然是中国工程教育发展的重要方向和最优选择。因此，未来中国在专业认证制度建设中，认证标准和毕业生设计要充分考虑自身国情与特色；减少直接行政干预，逐步构建完全、独立、公正的市场化认证机构；推进专业认证与注册工程师制度的有效衔接；建构数量可观、结构合理、质量较高的认证专家队伍等，有效构建起具有中国特色、世界水平的工程教育质量保障体系。

目 录

第一章 绪论 …………………………………………………… 1
  第一节 问题提出 ………………………………………………… 1
  第二节 文献综述 ………………………………………………… 7
  第三节 基本内容概述 …………………………………………… 32
  第四节 理论基础 ………………………………………………… 35
  第五节 研究思路与方法 ………………………………………… 43

第二章 德国工程教育发展概况 ……………………………… 46
  第一节 德国工程教育历史发展沿革 …………………………… 46
  第二节 德国工程教育体系的基本构成 ………………………… 49

第三章 以专业认证为核心的德国工程教育质量保障体系的建立与发展 …………………………………………………………… 54
  第一节 欧洲高等教育一体化和《华盛顿协议》及其影响 …… 54
  第二节 德国工程教育专业认证制度的建立 …………………… 64
  第三节 德国工程教育专业认证制度的系统构成 ……………… 68
  第四节 专业认证制度构建中利益相关者的角色解析 ………… 79
  第五节 德国退出《华盛顿协议》的解析 ……………………… 87

第四章 德国职业教育质量保障体系的构建及启示 ………… 93
第一节 德国职业教育概况 …………………………………… 93
第二节 德国职业教育质量保障体系的历史发展沿革 ……… 94
第三节 德国职业学院质量保障体系的典型模式解析 ……… 98
第四节 职业学校质量保障体系建构的有效支撑机制……… 106

第五章 案例探索：德国一流大学建设的实践探索与质量建构…… 113
第一节 研究背景：卓越倡议之"顶尖大学"计划 ………… 113
第二节 慕尼黑工业大学的转型概况………………………… 114
第三节 慕尼黑工业大学质量保障体系建设的实践路径与探索 … 116
第四节 慕尼黑工业大学质量保障体系建构的基本特征……… 146

第六章 专业认证视野下中国工程教育质量保障体系的实践探索
与经验借鉴 ……………………………………………… 151
第一节 中国工程教育的历史变迁…………………………… 151
第二节 中国工程教育专业认证的发展历史沿革…………… 155
第三节 中国工程教育专业认证制度体系的构建…………… 158
第四节 比较视野下中国工程教育专业认证存在的问题与挑战 … 168
第五节 中国工程教育质量保障体系的改革趋向和政策建议…… 174

参考文献 ……………………………………………………… 178

第一章 绪　论

第一节　问题提出

一　质量日益成为各国工程教育发展的核心诉求

自 18 世纪中叶英国率先发起工业革命以来，世界先后经历了蒸汽时代、电气时代、信息时代三次工业革命。进入 21 世纪，在第三次工业革命方兴未艾，各种新科技不断涌现的背景下，以工业智能化和互联网产业化为代表的新一轮工业革命——绿色工业革命悄然而至。与前三次工业革命有着本质不同，第四次工业革命的最终目标在于化解人与自然的矛盾，以信息技术和数字化为基础，并以快速技术革新为原始驱动力，大幅度提高工业生产效率，努力使能源与资源危机、生态与环境危机等多重经济快速增长中产生的问题得到有效的解决。总的来看，随着经济全球化程度的日益加深，近十几年来，人工智能、3D 打印、大数据、人机互动、量子信息、清洁能源、纳米技术、生物科技以及虚拟现实等技术革新不断涌现，继而促进当今工业生产方式、经济组织运作方式乃至人类生活方式的变革，最终将有力推进各国的工业生产模式不断更新换代并达到一个全新的水平。

在新一轮工业革命机遇与挑战背景下，美、德、英、法等发达国家都开始积极布局工业发展战略计划，力求在新的全球竞争格局中保持技术优势和领导地位。2012年3月，美国正式实施旨在推进加快先进制造业全面升级、推进技术革新向规模化转型以及缓解熟练技术工人短缺等战略目标的"美国国家制造创新网络"（National Network of Manufacturing Innovation，NNMI）；2016年其正式更名为"美国制造业计划"（Manufacturing USA），进一步强调了该计划对美国制造业未来发展的深远影响。基于第一个国家级高技术发展战略总体规划——"德国2020高技术战略"（2020 High-Tech Strategy for German）的要求，德国在制造业生产和销售体系中引入物联网技术，并在2012年4月正式提出"工业4.0"战略（Industry 4.0），以此有效推进工业制造向智能化升级。为重塑法国工业曾在全球第一梯队的辉煌和地位，法国在2013年9月和2015年5月分别提出"新工业法国"（New Industrial France）和"新工业法国II"（New Industrial France II）工业发展战略，更新后的工业发展战略以"未来工业"为核心，以大数据经济、物联网、信息安全、新型医药以及智能电网等九个优先领域为有效支点，以求推进法国工业经济的全面复苏与崛起。作为工业革命发源地的英国也不甘居后，在2013年10月发布的《制造业的未来：英国面临的机会与挑战》（The Future of Manufacturing: A New Era of Opportunity and Challenge for the UK）中提出了旨在重振制造业的"英国工业2050战略"，该规划旨在强调快速响应消费者需求、推进可循环制造业发展、把握新兴市场机遇以及培养高素质技术工人等。随着新一轮工业革命在全球范围内的兴起，如何有力应对新工业革命对工程教育学科专业建设、教育教学改革、人才培养模式以及培养质量评价等方面的新要求，如何有效适应高等教育国际化日益深化背景下更多跨国教育力量对本国工程教育特色发展道路产生的影响，成为摆在各国政府和高等学校面前的共同难题与时代挑战。

反观中国，目前正处于经济发展新常态与新一轮工业革命带来的机会与挑战交汇的特殊历史时期。2015年5月，中国提出了第一个国家级制造业发展战略十年纲领——"中国制造2025"。该计划围绕推进由制造业大国向强国转变的建设目标制定了"三步走"的发展规划,明确了提高国家整体创新能力、强化工业基础能力、推动重点领域突破发展、推进工业化与信息化深度融合等九大战略任务与重点,提出了深化体制机制改革、完善多层次人才培养体系等八个方面的战略保障与支撑。2017年10月,习近平总书记更是在党的十九大报告中明确指出:"支持传统产业优化升级,加快发展现代服务业,瞄准国际标准提高水平。促进我国产业迈向全球价值链中高端,培育若干世界级先进制造业集群。"总的来看,对于教育领域来说,新一轮工业革命对现有的工程教育发展格局冲击尤为明显,各国工程教育体系随着各时代工业革命的浪潮不断革故鼎新,同时工程教育体系的革新又有助于推进现有的工业革命持续走向深化。因此,在不断倡导工程教育创新与转型的今天,工程教育必然由规模扩大为主的外延式发展向以质量提升为核心的内涵式发展转变,对质量的诉求也必然日益成为当今各国工程教育发展的主旋律和改革重点之一。

二 以专业认证为核心的德国工程教育质量保障的成功实践

作为传统的世界工业强国,以德国为代表的欧洲大陆工程教育体系是公认的全球范围内两大工程教育发展最为成功的典范之一,一度被欧洲各国竞相效仿。自中世纪以来,德国高等教育质量保障作用的发挥更多是依靠高校自律来实现,由此也形成了学术权力与行政权力高度和谐统一的"大学自治"优良传统。进入20世纪90年代,伴随着欧洲范围内高等教育一体化的需要,加之高等教育国际化背景下各国高等教育竞争日趋激烈,德国被迫在坚守传统与改革创新之间做出艰难的选择和平衡。具体而言,在这一时期欧洲乃至世界范围内的高等教育体系都发生了一系列急遽的变革。例如,以美、加等国为代表推行的世界上首个工程教育专业认证的国际互认协议——《华盛顿协议》(*Washington Accord*, WA)在1989年正式实施;1995年欧盟发布了旨在推动欧洲各类教育全面发展的苏格拉底计划(Socrates Programme),1999年在意大利博洛尼亚签署欧洲高等教育一体化建设纲领文件——《博洛尼亚宣言》(Bologna Process)，2003年推出高等教育交流与合作的伊拉斯谟世界计划（Erasmus Mundus）。在此背景下，自20世纪90年代，德国为加强与世界各国工程教育体系的兼容性，增加其工程教育的国际竞争力，在工程教育领域推进了一系列的改革措施：（1）改革传统学位制度，引入国际通行的学士—硕士学位制度，以此形成三级学位体系，大幅压缩过于漫长的修业年限；（2）效仿美、英等国，建立工程教育专业认证组织，以此有效保障其工程教育质量；（3）对新设立的学位、专业和课程等进行强制性的评估与认证（徐理勤，2008）。总的来看，专业认证制度的建立对德国工程教育的发展和影响尤为重大。

20世纪末期，德国16州文教部长联席会议（Kultusministerkonferenz，KMK）批准了高校校长联席会议（Hochschulrektorenkonferenz，HRK）关于建立专业认证体系的建议，并于1998年12月成立联邦认证委员会（Akkreditierungsrat，AR），该委员会是唯一负责全国各类专业认证机构的审查组织。作为受联邦认证委员会直接管理的全国性组织，专门负责工程教育专业认证的工程、信息科学、自然科学和数学专业认证机构（German Accreditation Agency for Study Programs in Engineering, Informatics, Natural Sciences and Mathematics, ASIIN）便是在这样的背景下建立的。该专业认证机构成立于1999年，其成员包括各工业大学、应用技术大学，各行业协会、科学技术协会以及工商业界各组织。该专业认证机构在德国工程教育质量保障体系中发挥着至关重要的作用。经过十几年的实践，工程类相关学科已成为德国新设学位和课程最多的领域之一，专业认证制度随之也作为一种行之有效的质量监控手段，在德国工程教育领域广泛流行开来。从德国工程教育的改革历程来看，以专业认证为核心的德国工程教育质量保障体系的形成是由政府主导的一场自上而下的改革，侧重的是对德国工程教育质量进行外部监督，这与传统的德国高校内部的高度自律相得益彰，共同构成了德国工程教育质量保障的主体，从而进一步提高了工程教育在全球范围内的吸引力和竞争力。

三　中国工程教育面临着多重危机与挑战

工程教育是中国高等教育历史沿革的重要组成部分，在整个高等教育体系中"三分天下有其一"。中国工程教育最早起源于清末时期的洋务运动，虽几经周折，却并未在当时国家工业化发展中发挥重要作用（王杰、朱红春、郄海霞，2009）。改革开放以后，中国工程教育得到快速发展，工程教育实力显著增强，为中国独立完整、层次多样以及门类齐全的现代化工业体系的形成做出了重要贡献。数据显示，截至2015年，设置工科专业的高等学校为1650所，工科类本科专业布点为16284个，工科类本科专业在校生为524.7万人，占本科在校生总人数的1/3（吴爱华，2016）。总的来看，中国普通高等学校工程类专业在在校生人数、毕业生人数以及专业布点数方面远超其他国家，数量比美国、俄罗斯等紧随其后的工程教育大国高出3~5倍，稳居世界第一位。[①] 在规模迅速增长的同时，中国在工程教育内涵式发展方面也取得较大突破，专业设置日益增多、培养层次更加齐全、结构布局不断优化、国际交流与合作愈加频繁，为国家工业化发展培养了大量后备科技人才，为社会主义现代化强国建设提供了有力的支撑与坚实的基础。2017年2月以来，为有效应对新一轮工业革命，形成创新驱动发展的工业发展新格局，教育部先后推进"复旦共识""天大行动""北京指南"，着力推行新的工程教育发展战略计划——"新工科"建设，以有效探索领跑全球的中国工程教育发展新模式、新经验。纵观改革开放以来工程教育的发展过程，中国在工程教育领域取得重大成就的同时，也面临着多重危机与挑战，主要表现在：工程教育发展整体战略规划尚不清晰，院校同质化发展现象严重；注册工程师制度普遍缺失，与专业认证制度缺乏有效衔接；工科师资队伍建设滞后，普遍缺乏工程实践经历；与工业界合作不够紧密，培养计划与企业需求脱节；专业建设与课

---

① 《权威发布！最新版高等教育质量"国家报告"出炉》，人民网，2017年10月16日，http://edu.people.com.cn/n1/2017/1016/c367001-29588440.html。

程体系迟滞，与产业结构转型升级不相适应，等等。

随着中国工程教育规模的迅速扩大，以及社会对工程科技人才培养质量提出更高的要求，工程科技人才质量保障面临着严峻的考验；此外，随着经济全球化日益向纵深发展，高等教育国际化趋势日益清晰，工程科技人才的跨国（境）流动也愈加频繁。在这个过程中，建立工程教育质量保障体系已成为中国教育界、工程界的广泛共识，其中最为核心的是中国工程教育专业认证制度的建立与发展。相比西方发达国家，中国开展工程教育专业认证实践较晚。自 20 世纪 90 年代初建筑学专业领域开始认证试点以来（方峥，2013），中国工程教育专业认证实践仅有 30 余年的发展历史。2015 年 10 月，中国工程教育专业认证协会正式成立，成为在中国科学技术协会领导下、经教育部授权的在中国大陆地区开展工程教育专业认证的唯一合法机构。同时，以中国科学技术协会为代表，中国在 2013 年和 2016 年分别成为《华盛顿协议》的预备会员和正式会员。加入《华盛顿协议》表明中国的工程教育质量建设成效显著，意味着质量标准得到国际认可，专业认证实现实质等效。[①] 但就中国工程教育发展现状来说，中国工程教育体量巨大，不同类型、不同层次的高校和专业较多，仅靠单一的专业认证制度是难以保证工程教育人才培养质量的；而且从目前工程教育专业认证制度实践来看，工业界以及社会公众对其认可程度并不是很高，其原有的作用并未得到充分发挥。因此，要有效应对全球化引发的工程教育国际化带来的各种挑战，构建符合中国工程教育发展实际水平的工程教育质量保障模式，最为基础的就是能够对发达国家相对成熟的工程质量保障体系有深入了解，并在此基础上构建起具有中国特色的工程教育质量保障新型体系。

综上所述，在我国工程科技人才培养面临多种挑战、高等教育国际化引发的工程科技人才跨国（境）流动日益频繁的背景下，质量日益成为世界各国工程教育发展的基本诉求。

[①] 《中国成为〈华盛顿协议〉第 18 个正式成员》，人民网，2016 年 6 月 2 日，http：//edu.people.com.cn/n1/2016/0602/c1006-28407215.html。

第二节 文献综述

一 相关概念界定

(一) 工程与工程教育

"工程"一词最早起源于18世纪初的欧洲,其早期意为"工程师所做的工作",强调具有军事目的的机器制造或劳作项目。到18世纪末期,"工程"成为独立的研究领域。随着人类文明的不断演进,"工程"的研究对象和外延都得到相当程度的丰富与拓展。目前,"工程"的研究对象既包括大量的科学基本理论,也包括大量的技术应用与管理方法。"工程"的外延也不断向宏观和微观领域延伸,从宏观来看,包括土木建筑工程、交通运输、航空航天、能源动力以及农业工程等;从微观来看,包括纳米工程、生物工程、信息技术以及电子技术等。以美国工学类学科群的设置为例,1985年、1990年、2000年、2010年、2020年美国国家教育统计中心(National Center for Education Statistics, NCES)对学科专业分类目录(Classification of Instructional Programs, CIP)进行了5次修订。① 统计数据显示,工学类学科群是目前美国各类学科群中规模最大的,2020年共有41个学科,比1985年的27个学科增加了14个学科(见表1-1)。总之,笔者认为"工程"是人们综合利用自然科学理论去改造客观世界的所有实践活动或项目,以及在此基础上的系统科学。

工程教育是一种以应用科学为载体的培养工程技术人才的专业教育(张维、王孙禺、江丕权,2003)。从内容上看,工程教育包括工程科学、工程管理以及工程技术等,并逐步呈现与自然科学和社会科学交汇融合的趋势(张文雪,2009)。美国国家教育统计中心(NCES)的数

---

① National Center for Education Statistics. The Classification of Instructional Program, 2022-03-20, https://nces.ed.gov/ipeds/cipcode/default.aspx? y=56.

据显示，美国专门设置了"交叉学科"和"文理综合"性质的学科群，在工程教育内部还设置了诸如工程化学、生物化学工程等交叉学科。总体来看，工程学科内部以及与其他各学科交叉融合的规模、层级、深度都在迅速增加。从层次上看，工程教育包括高等工程教育、中等工程教育和继续工程教育。

表 1-1　工学类学科设置情况（2020 年）

学科代码	学科	学科代码	学科
14.01	工学（综合）	14.25	石油工程
14.02	航空航天工程	14.27	系统工程
14.03	农业工程	14.28	纺织科学与工程
14.04	建筑工程	14.32	高分子/塑料工程
14.05	生物医学/医学工程	14.33	建造工程
14.06	陶瓷科学与工程	14.34	林业工程
14.07	化学工程	14.35	工业工程
14.08	土木工程	14.36	制造工程
14.09	计算机工程	14.37	运筹学
14.10	电气、电子与通信工程	14.38	测量工程
14.11	工程力学	14.39	地质、地球物理工程
14.12	工程物理	14.40	造纸科学和工程
14.13	工程科学	14.41	机电工程
14.14	环境/环境卫生工程	14.42	机电一体化，机器人技术和自动化工程
14.18	材料工程	14.43	生物化学工程
14.19	机械工程	14.44	工程化学
14.20	冶金工程	14.45	生物/生物系统工程
14.21	采矿与矿业工程	14.47	电气与计算机工程
14.22	船舶与轮机工程	14.48	能源系统工程
14.23	核工程	14.99	工学（其他）
14.24	海洋工程		

资料来源：根据美国国家教育统计中心（NCES）公布的数据整理而成。

（二）质量与高等教育质量

随着社会经济和科学技术的快速发展，"质量"一词的概念也在不断变化和演变，特别是后工业时代，"质量"更是受到包括政府、企业和高校在内的社会各界的高度重视。"质量"一词来源于古法语"qualite"（气质，性格，性格），以及拉丁语"qualitatem"（性能，性质，状态）。自 20 世纪以来，"质量"的含义几经演变，目前国际上通行的对教育质量的阐释主要包括四种。首先，美国被誉为"现代质量管理之父"的戴明（W. Edwards Deming）在 20 世纪 50 年代提出"质量散布于生产系统的各个环节"，他将质量划分为计划（Plan）、执行（Do）、检查（Check）、处理（Act）四个环节，即 PDCA 循环，并在此基础上进一步提出采用新的管理思想、打破部门界限、消除工作指标、建立在岗培训等质量管理的"14 个基本要点"（W. 爱德华兹·戴明，2003）。目前，PDCA 循环理论已经被世界诸多行业领域证明是一种行之有效的科学管理方法，并已逐步运用到教育管理相关领域。其次，被誉为"本世纪伟大的管理思想家"的克劳士比（Philip Crosby）从合规定性的角度，认为质量是"第一次就把事情做对"（Do Things Right the First Time）和"零缺陷"（Zero Defect），强调质量意味着对要求或规范的合规性，其核心在于事前预防而不在于事后补救（菲利普·克劳士比，2002）。再次，国际标准化组织（International Organization for Standardization，ISO）于 1994 年制定了 ISO 8402—1994《质量管理和质量保证——术语》（Quality Management and Quality Assurance-Vocabulary），其中对"质量"做出如下界定：质量是满足实体或明确、或隐晦的能力的特征总和（陈志田，1995）。此后，2000 年，国际标准化组织在 ISO/DIS 9000 "质量管理体系——基本原理和术语"中对"质量"进行了重新阐释，即一组固有特性满足要求的程度。最后，现代质量管理的领军人物朱兰（Joseph M. Juran）等人从用户的使用角度出发，指出无论生产任何产品或是服务，都必须以满足用户的需求为质量要求的标准，即质量意味着"适目的性"（约瑟夫·M. 朱兰、约瑟夫·A. 德费欧，2013），而这种"适目的性"就体现在用户多种多样的需求上。

基于上面的分析，在 20 世纪早期，"质量"作为一个专门术语，广泛应用于工商业的管理领域。从中外文献的检索来看，在20世纪80年代以前，与高等教育质量相关的文献凤毛麟角。20世纪80年代以后，一方面源于企业管理学术话语体系的引发，朱兰在研究中就曾预言"21世纪质量运动的重心必然会从工商业领域逐步向教育医疗行业转移"；另一方面，高等教育市场化进程日益加快，使得各国大学在办学中都面临高等教育规模迅速扩大与培养质量严重滑坡的冲击，这就要求高校必须对社会各界的需求做出有效回应。由此不难看出，影响高等教育质量的因素更多来自外部环境，带有非常强的干预性和强制性。在中国高等教育大众化的进程中，高等教育更是被打上了质量问题的烙印，在其发展过程中始终面临着外延式扩张与内涵式发展的矛盾。高等教育自身具有复杂性、特殊性和多样性，这使得为"高等教育质量"做精准定义成为一个世界公认的难题。20世纪60年代末期，国外学者开始尝试定义"高等教育质量"。有学者指出，高等教育质量的操作性界定应该包括两个维度：一是学生接受高等教育全过程中的基本特征以及获得的学习成果，具备包括知识、技能、认知等；二是具体的或通用的社会公众所希望高等教育应达到的应然状态或水平（Beeby，1969）。进入20世纪80年代，学者对高等教育质量的内涵（Carron and Châu，1981），高等教育质量的标准（Mialaret，1985；Fuller，1986），高等教育质量的评价（Hanushek and Lockheed，1987）等多个维度都进行了系统的研究与分析。与国外相比，国内关于"教育质量"这个概念最早见于20世纪90年代的《教育学大辞典》：指"教育水平高低和效果优劣的程度"，其规定着教育的根本质量要求；"教育质量的衡量标准最终体现在人才培养上"，其规定着教育的质量对象。进入21世纪，关于高等教育质量的研究在我国逐步活跃起来。例如，李志仁（2001）关于构建高等教育质量保障体系，彭未名（2002）关于高等教育质量的本质与特性探析，朱湘虹（2003）关于高等教育质量重要性的讨论，李福华（2003）、余小波（2005）、林永柏（2007）关于高等教育质量内涵和外延的分析，蔡宗模、陈韫春（2012）关于高等教育质量标准的探讨，潘懋元、陈春梅（2016）关于高等教育质量建设的理论设计，等等。总体来看，对于"高等教育质量"概念的界定，在不同历史发展时期，为了迎合不同群体的各种需要，学者都会对其有不同角度的侧重性解释。笔者认为，"高等教育质量"是一个动态、多维的概念，要对"高等教育质量"的含义做出准确地阐释，既要符合"质量"在高等教育上的基本属性，又要能从历史发展的维度体现出"高等教育"功能及作用的不断演进。

（三）认证与专业认证

"认证"一词源于拉丁语"Accredere"，意为"赋予信任"。本书主要讨论高等教育领域中的"认证"，译自英文"Accreditation"一词。认证制度是美国率先付诸实践的，同时也是各国现行制度中最为重要的工程教育质量保障手段，其最早可以追溯到19世纪美国的医学领域。早在1847年美国医学协会就成立了一个专门负责医学相关专业质量评价的认证机构，其基本目标就是"保护本行业的发展，与低质量的专业教育做斗争"（Harcleroad，1983）。20世纪，随着认证机构数量和种类的迅速增加，以及对教育质量的日益重视，美国迫切需要建立对各认证机构进行统一管理、协调与沟通的中介组织，因此，作为协调和管理全国高等教育认证工作的国家认证委员会（National Committee of Accreditation，NCA）在1949年应运而生。美国是认证制度的发源地，众多国家在本土认证制度的构建过程中都或多或少借鉴了美国的做法，因此，呈现出各具特色又"千篇一律"的态势（Lenn，1987）。目前，各国的认证制度在实践中有很大差异，主要体现在两方面。一是认证的资源性与强制性，其主要取决于个国家的政治体制及其高等教育自治程度。在有政府严格控制和管理高等学校的国家或地区，认证成为政府强制推行政策的工具。例如，20世纪末才构建起认证制度的德国，对新设本、硕专业项目的认证，实质上就带有政府强制性。二是认证对象以及实施主体类型划分的差异性。目前认证对象主要包括院校、专业以及职业，实施主体主要包括官方机构和第三方机构等（董秀华，2004）。"认证"对于中国来说是典型的舶来品，对于"Accreditation"一词的翻译曾出现过多个不同版本，大陆学术界除较为普遍地使用"鉴定"一词外（刘盛纲，1987），还使用过比较模糊笼统的"质量评价"（蓝江桥，2004）、"质量评估"（汪辉，2006）以及"评估"（陈以一，2004）等术语；在香港学术界有过"评审""甄审"等阐释，台湾地区有过"评鉴""认可"等术语（付婧，2007）。在中国，20世纪90年代中期同济大学毕家驹和沈祖炎在《我国工程教育与国际接轨势在必行》（1995）一文中最早使用"认证"这一术语。进入21世纪，越来越多的学者在自己的研究中使用"认证"这一术语。例如，熊耕的《美国高等教育认证制度的特点分析》（2002），张彦通、韩晓燕的《美、德工程教育专业认证制度的特色与借鉴》（2006），王孙禺、孔钢城、雷环的《〈华盛顿协议〉及其对我国工程教育的借鉴意义》（2007），雷庆的《我国工程教育专业认证的现状及若干建议》（2008），林健的《基于工程教育认证的"卓越工程师教育培养计划"质量评价探析》（2014）等文献中都使用了"认证"这一术语。"认证"一词在我国工程教育研究领域逐步走向统一、规范。

"专业认证"源于英文"specialized/professional accreditation"。"认证"与"专业认证"，无论在国外还是在国内都被视为同一概念，两者未被详细区分。专业认证作为世界范围工程教育质量保障最为核心的手段与方式，一般是相对于院校认证（Institutional Accreditation）而言的。专业认证是针对学校开设的学科专业质量进行评价，而院校认证则是以学校整体作为质量评价对象。专业认证普遍存在于工程教育领域，是指由官方或非官方的专业评价机构对工程技术领域相关专业（如土木工程、机械工程、计算机科学与技术、建筑学等，一般不涉及基础学科专业）进行的一系列评价活动（李茂国、张志英、张彦通，2005），以确保工程从业人员的培养质量达到一定的标准和要求。这些专业性的工程教育质量评价机构，诸如1932年成立的美国工程与技术认证委员会（Accreditation Board for Engineering and Technology, ABET），1934年成立的法国工程师职衔委员会（Commission des Titres d'Ingénieur，CTI），1981年成立的英国工程理事会（Engineering Council UK，ECUK），1999年成立的日本工程教育认证委员会（Japan Accreditation Board for Engineering Education，JABEE），1999年成立的德国工程、信息科学、自然科学和数学专业认证机构（ASIIN），2015年成立的中国工程教育专业认证协会等，都在本国工程教育认证实践中发挥了重要作用。

（四）高等教育质量保障

20世纪90年代，"高等教育质量保障"这个术语开始出现于相关学术文献中。目前关于"高等教育质量保障"概念的界定与外延，学术界并未达成统一。格林较早对高等教育质量保障的基本概念进行了界定，他认为高等教育质量保障就是质量保障专业机构按照相对固定的程序，依据一定的标准或准则，对高等学校的办学质量进行评估、审核与控制；推行高等教育质量保障的基本理念是保证高等学校的办学水平，并向公众和学生群体负责，最终实现高校的稳步发展（Green，1994）。哈曼认为，实施高等教育质量保障的目的是为政府、企业、社会公众以及学生群体等提供证据或担保，使他们确信高等教育质量能够达到他们的预期或符合相对固定的水准（Harman，1996）。利姆的界定较为简洁，他认为高等教育质量保障是保持和提高高等教育质量的全过程与政策的总和（Lim，2001）。美国高等教育认证委员会（Council for Higher Education Accreditation，CHEA）在21世纪初期对高等教育质量保障做出了相对权威的界定，即为了确保高等学校的教育教学、科学研究以及基础设施得到保持和提高，专业性质量保障机构对高等学校整体或学科专业进行有系统、有计划的评价过程。

进入21世纪，中国关于高等教育质量保障的研究成果不断涌现。最早提出要构建中国高等教育质量保障的是钟秉林（2001），他认为中国要积极借鉴国外的理论、方法和技术，构建面向世界的、符合国情的中国高等教育质量保障与评估体系。此后，李志仁（2003）提出，高等教育质量保障是建立在组织机构与运行机制基础之上的相互制约与联系的有机整体。陈玉琨（2004）认为本质上质量保障是在专业性组织制定的一系列标准或准则的基础上，要求学校行政管理人员和教师队伍充分发挥自己的潜能，积极推进教育教学改革，从而使教育质量达到预定的标准；而高等教育质量保障体系就是推进质量保障实现的有效工具和必然路径。史秋衡、罗丹（2005）在借鉴工业质量管理的基础上，认为高等教育质量保障的建立是市场介入的必然结果，是对传统高等教育质量保障的继承与超越。蒋冀聘、徐超富（2008）认为，高等教育质量保障是政府、工商业界、社会以及受教育者等各类群体对高等学校提供的教育教学、科学研究、人才培养乃至社会服务的认可程度。

纵观国内外相关研究，关于高等教育质量保障虽然没有统一解释或权威标准，但目前大多数研究却有一些共同的认识：一是从高等教育质量保障的基本要素来看，主要包括质量保障的主体、质量保障的标准、质量保障的程序以及质量保障的目标四个基本要素（石学霞，2012）。二是依据实施高等教育质量保障主体的不同，分为外部质量保障体系和内部质量保障体系。外部保障体系是指官方或非官方的、全国性或地方性的专业性组织对高等学校实施的各类教育教学活动进行有效监督与控制，以确保人才培养的质量达到预定目标；内部质量保障体系主要是高等学校对自身教育教学质量进行持续改进与逐步改善的过程。高等教育质量的外部保障体系和内部保障体系只有有效结合起来，共同对高等教育质量予以保障监督，才能最终实现高等教育质量不断提升的目标。

二 工程教育发展模式与实践研究

目前，美英工程教育体系和以德国为代表的欧洲大陆工程教育体系是世界范围内公认的最为成功的两大工程教育体系模式。其中，美国和德国的工程师人才培养各具特色，各有所长，成为各国竞相效仿的典范（张文雪，2009）。21世纪初期，罗兹和施波恩在探讨教育质量国际化"通用"体系建设时就曾指出，作为最为成功的两种模式，美英模式和欧洲大陆模式存在根本差异的根源在于两种体系权力来源与运行机制的不同。在欧洲大陆工程教育体系的改革中，政府机构和教授群体掌握最为核心的权力，而处在中间的高等学校，其自身权利薄弱，同时，工程教育改革的进行一般也是通过自上而下的形式。与之相比，美国高等学校，其自身的管理权利非常强，很多改革的推进也是通过自下而上的形式进行（Rhoades and Sporn, 2002）。两种体系权力来源与结构的根本不同造成了工程教育质量保障体系的实践路径也有很大差异，这种差异进一步延伸到工程师的人才培养机制之中（Lundgreen, 1990）。此后，德国技术史教授瓦尔特和沃尔夫冈在对工程师职业进行分析时，将各国的工程师培养模式分为美国的工场培养模式和学院培养模式，英国的实训模式，欧洲大陆的传统模式等（Walter Kaisen、Wolfgang Konig, 2008）。

目前，我国的工程教育发展模式研究和关注点集中于美英工程教育体系和欧洲大陆工程教育体系。我国比较早、比较系统对国际工程教育发展模式展开研究的是浙江大学的王沛民教授、清华大学的余寿文教授和中国工程院的朱高峰教授。20 世纪 90 年代中期，王沛民和顾建民（1994）在对美、德两国工程教育结构进行比较分析后，认为两国的工程教育培养结构虽然大致都可以分为三级，比例也大致一致，但两者在本质上是不同的：美国为国际通行的本、硕、博三级，德国的三级机构则与世界大多数国家有很大的异质性，分为博士工程师、文凭工程师和高专文凭工程师三级。德国工程教育培养目标明确，学校的工程师培养一般就是终结性教育；而美国工程教育培养目标则相对模糊，学校的工程师培养一般是过渡性教育，很多学生在培养过程中会转向法律、经济以及医学等行业。两国工程教育模式的不同体现在教育制度、教育观念以及教学内容等多个维度，这些不同之处都深受其本国政治体制、经济发展和科技水平的影响与制约。余寿文（2000）认为，德国和美国是国际上工程师培养最为成功的代表，德国的工程师培养以专才教育为目标，高校和企业通过开展多种形式的深度合作确保学生获得足够的理论学习和实践训练，学生一般毕业后就已经具备解决工程问题的能力；美国的工程师培养以通才教育为目标，工业实践能力的训练在学生毕业后交由企业，这个实践能力的训练一般长达2~3年。余寿文指出中国既未拥有像德国那样校企深度合作的优良传统以及一大批拥有丰富实践经验的教师队伍，也没有美国那样完备、强大的职业后工业实践训练体系，因此在工程教育发展实践过程中只能根据国情走一条具有中国特色的工程教育发展新道路。朱高峰（2005）同样认为以德国为代表的欧洲大陆工程教育体系和美英工程教育体系是全球范围内高等教育发展的典范。作为19世纪后期迅速崛起的国家，德国的工程教育以技术教育为主，注重工业实践教学，学生毕业后的职业发展方向就是成为具备解决工程实际问题的工程师；美国则是以科学教育为主，注重学生的自由选择与发展，学生毕业后的职业发展多种多样，选择从事工程师职业的学生的实践能力训练交给企业来完成。朱高峰认为在高等教育国际化不断深化的背景下，美、德两国的工程教育体系有相互靠拢、相互融合的趋势，德国大学开始适当拓宽专业，美国大学则更加注重实践能力的培养。

除此之外，孙宏芳（1999）以国家工业化和工程教育为着眼点对中、美、德三国工程教育进行比较研究。孙宏芳通过类比的方法对三国的工业化发展阶段进行划分，并对每个阶段的工程教育发展模式进行深度解析，进而对工程教育与工业发展的相互关系进行了分析和总结，即工业化快速发展与崛起的需要是推进国家工程教育改革的基本动力，工程教育的发展也为工业化的发展提供了大量亟须的工程科技人才。赵春红等人（2005）对美国、德国和日本的工程教育体系进行对比，并在此基础上对美国的科学教育模式，德、日两国的技术教育模式展开分析。于淼（2010）在论述近代以来美国与德国工程师培养模式变革历程的基础上，从培养理念、目标、方式、体系、内容五个维度，对美国和德国工程师培养模式进行了系统的比较分析。刘鸿（2012）对美、德、法、俄四国工程教育的"卓越"缘由展开系统分析，认为其分工明确的工程教育系统、体现工程本质的培养过程设计、制度化的工程教育质量保障标准等因素，共同促进四国的工程教育走向"卓越"。赵黎明等人（2015）基于德国工程教育与职业实训教育为一体的人才培养模式、美国的协作式人才培养模式，提炼出德、美两国工程教育成功的共性。

三 高等教育质量保障体系研究

20世纪90年代以来，随着世界范围内高等教育国际化趋势的加强以及高等教育规模的迅速扩大，大多数国家高等教育质量面临诸多问题与严峻挑战，这使得质量保障日益成为各国政府、企业、高校和公众关注的议题。1998年10月，联合国教科文组织在法国巴黎举办了主题为"21世纪的高等教育：展望和行动世界宣言"的世界高等教育大会，质量成为大会的重要核心议题之一。大会指出，随着经济全球化，学术资本主义呈现出不断加强的趋势，高等教育自身扮演的角色在整个社会体系中愈加重要，因此促使质量保障成为各国政府和大学有效回应企业需求与提升高校办学水平的有力手段和途径。进入21世纪，各国特别是发达国家都相继建立了完善的高等教育质量保障系统。与欧洲大陆国家有所不同，在长达100余年的发展历程中，美国的高等教育质量保障主要由各州政府和高校自己负责，呈现多元化、特色化，其中专业认证制度、大学和专业排名、大学生学习调查以及科研项目定期评审等都成为美国高等教育质量保障的重要方式。欧洲大陆国家的高等教育质量保障起步相对较晚，主要依赖各国政府对高校的各种监管，特别是20世纪90年代欧盟推动的欧洲高等教育一体化运动，使得欧洲大陆国家的高等教育质量保障建设超越国家层面上升到区域共同体层面，因此欧洲大陆国家的高等教育质量保障呈现统一化、规范化。需要着重指出的是，专业认证制度作为美国在19世纪中期率先付诸实践的高等教育质量保障方式，目前已成为世界许多国家现行制度中最为重要的高等教育质量保障工具和手段。

目前，美、德、英、法等发达国家都建立了相对完善的质量保障组织机构，负责对本国的高等教育质量进行监督与评估（见表1-2）。早在1949年，美国成立了协调和管理全国高等教育质量保障工作的国家认证委员会（NCA），后几经演变，于1996年组建高等教育认证委员会（CHEA），该委员会是由大约3000所具有本科学位授予权的大学组成的会员制的非官方组织，主要职责是对全美60多个认证机构的资质进行审查，以及对其认证活动进行监督，以此有效提高和规范各认证机构的认证质量。在高等教育认证委员会（CHEA）统一管理和组织下，美国的认证工作主要由地区性认证机构、全国性认证机构、专门职业认证机构、专业项目认证机构四类组成，其各自负责对美国高校或者专业进行认证。在美国，认证程序包括六个环节：合格性预审、院校自评评估、现场考查、专家组出具书面鉴定报告、认证结论、再次认证。从本质上看，源于美国的认证制度是致力于促进高校办学质量不断提高的非政府性外部评估工具；而在其他大多数国家，这项工作一般是由政府承担，或者政府在其中发挥引导或辅助作用。

英国的高等教育质量保障工作主要由高等教育质量保障局（The Quality Assurance Agency for Higher Education，QAA）统一负责。高等教育质量保障局正式组建于1997年，是由大学校长委员会（Committee of Vice-Chancellors and Principals of the Universities of the United Kingdom，CVCP）和高等教育基金委员会（Higher Education Funding Commission，HEFC）合并而成，成立伊始主要负责院校层面的办学质量评估和专业层面的教育教学质量审查（Laughton，2003）。法国高等教育质量保障工作是由1984年成立的国家评估委员会（Commission Nationale d'Évaluation，CNE）统一负责。从本质上看，由于法国高度集权的政治管理体制，中央政府虽然不直接参与国家评估委员会（CNE）的工作，但依旧可以对其质量评估工作施加重要影响，可以说政府的意志与价值渗透于法国质量评估的全过程之中。德国的高等教育质量保障工作，与美、英、法三国相比起步较晚，其高等教育质量保障机构主要分为四类：一是全国性半官方质量保障机构，如高校校长联席会议（HRK）、科学审议会（Wissens-chaftsrat，WR）、大学发展促进中心（Centrum für Hochschulentwicklung，CHE）、大学信息系统组织（Hochschul Informations System，HIS）等；二是各种专业性质量评估机构，如专门负责工程教育质量保障的工程、信息科学、自然科学和数学专业认证机构（ASIIN）；三是各州授权的地方性评估机构；四是各行业协会自治的民间性评估机构。这些评估机构的评估内容包括高校整体评估、院系评估、专业评估、教师资质评估以及科研项目评估等。从本质上看，德国的高等教育质量保障机构具有高度自主权，但由于其经费拨款受制于政府，因此其在运行过程中政府依旧可以施加重要的影响。

表1-2 各国高等教育质量保障机构及功能定位

国家	质量保障机构	功能定位	评估周期
美国	（1）地方性认证机构； （2）全国性认证机构； （3）专门职业认证机构； （4）专业项目认证机构	有效推动高等院校或学科专业质量的提高 众多认证机构的资质统一由高等教育认证委员会（CHEA）负责审查	3年，5年或10年，一般会有中期评估
英国	高等教育质量保障局（QAA）	由外部评估向促进高校自身加强质量建设的内部评估转变	6年左右
法国	国家评估委员会（CNE）	注重将政府的教育政策和价值趋向融入评估过程中	5~8年
德国	（1）全国性半官方质量保障机构； （2）各种专业性质量评估机构； （3）各州政府授权的地方性评估机构； （4）各行业协会自治的民间性评估机构	评估涉及高校整体评估、院系评估、专业评估、教师资质评估以及科研项目评估等	评估18个月后追踪调查

资料来源：根据公开资料整理而成。

从四国高等教育质量保障发展历程来看，其共同特点主要包括四个方面。第一，从质量保障的基本目标来看，各国高等教育质量保障体系的建立不仅是为了回应社会公众对高等院校办学质量的关切，更为重要的是有效应对高等教育国际化背景下日趋激烈的高等教育国际竞争。第二，从质量保障机构的类型和属性来看，各国的质量保障机构一般可以划分为全国性、地方性和专业性三类，这些质量保障机构一般隶属于政府之外的第三方评估机构，以保证其评估工作的权威性和公正性，但大多数机构在实际运用中都或多或少受到政府的影响。第三，从质量评估对象来看，包括院校整体、学科专业、科研项目乃至教师资质等多种类型，当然院校评估和专业评估是最为重要的评估对象。第四，从质量保障的程序来看，各国一般会通过院校自评与外部评估相配合的方式进行，并且在一定周期内循环进行质量评估工作。

近些年来，以大学排名和大学生学习为代表的质量保障形式受到各国政府和高校的广泛关注。大学排名的历史可以追溯到20世纪初期（Hazelkorn，2014），目前国际上较为著名的世界大学排名有：上海软科发布的软科世界大学学术排名（ARWU）、英国夸夸雷利·西蒙兹公司（Quacquarelli Symonds）发布的QS世界大学排名、英国泰晤士高等教育发布的THE（Times Higher Education）世界大学排名、《美国新闻与世界报道》（U. S. News & World Report）发布的U. S. News世界大学排名等。各个大学排名的关注点有所不同，ARWU的各项指标全部是定量指标；THE和U. S. News偏重定量指标，各占到67%和75%，而且其指标结构更加精细；QS是定性与定量指标各占一半（见表1-3）。除这四个较为综合的世界大学排名外，还有很多只关注单项指标的世界大学排名，如荷兰莱顿大学科技技术研究中心（Centrum voor Wetenschap en Technologische Studies，CWTS）发布的CWTS莱顿大学排名[①]等。世界大学排名的盛行无疑是以一种特殊的形式，推动着世界各国高等教育质量保障体系的构建。除世界大学排名外，以学生为核心的大学生学习效果评价，作为高等教育质量保障的新形式也开始进入高校和公众的视野。如，美国的全国大学生学习性投入调查（The National Survey of Student Engagement，NSSE）、英国的全国大学生满意度调查（The National Student Survey，

---

① CWTS Leiden Ranking, 2022-03-21, http：//www.leidenranking.com/.

NSS)、经济合作与发展组织（Organisation for Economic Co-operation and Development，OECD）开展的国际学生评估项目（Programme for International Student Assessment，PISA）、国际教育成就评价协会（The International Association for the Evaluation of Educational Achievement，IEA）组织的国际数学与科学趋势研究（The Trend in International Mathematics and Science Study，TIMSS）和国际阅读素养进展研究（Progress in International Reading Literacy Study，PIRLS）等。

表1-3 四大世界大学排名指标体系比较

类别		指标	ARWU	THE	U.S. News	QS
客观性指标	科学研究	在 Science 和 Nature 发表论文数①	20%			
		论文发表数量②	20%		10%	
		高被引论文数（前10%）			12.5%	
		高被引论文（前10%）比例			10%	
		论文被引总数			7.5%	
		师均发表论文数量		6%		
		学术著作数量			2.5%	
		会议论文数量			2.5%	
		师均论文被引次数				20%
		篇均被引次数		30%		
		标准化引用影响力			10%	
	教育教学	获诺贝尔奖和菲尔兹奖的校友折合数③	10%			
		博士与学士学位授予数之比		2.25%		
		博士学位授予数量			5%	
		师均博士学位授予数量		6%	5%	
	教师队伍	高被引科学家数量④	20%			
		获诺贝尔奖和菲尔兹奖的教师折合数量⑤	20%			
		①②③④⑤得分的师均值	10%			
		生师比		4.5%		20%

续表

类别		指标	ARWU	THE	U.S. News	QS
客观性指标	国际化水平	国际学生/国内学生		2.5%		
		国际学生/总学生数				5%
		国际教师/国内教师		2.5%		
		国际教师/总教师数				5%
		国际合作发表论文比例		2.5%	10%	
	校企合作等	师均研究收入		6%		
		师均学校收入		2.25%		
		创新发表以及咨询促进产业发展取得的科研收入		2.5%		
主观性指标		学术/雇主/科研声誉	33%	25%		50%

资料来源：根据公开资料整理而成。

我国关于高等教育质量保障体系的研究与实践起步较晚，最早始于21世纪初期同济大学毕家驹教授对国外高等教育质量保障发展态势与实践经验的介绍。毕家驹（2006）指出，目前高等教育质量保障体系在全球范围内广泛开展，质量保障相关机构已达约150个；高等教育质量保障体系未来十几年的发展蓝图：一是以三级学位为基础的学术资格框架；二是可以相互转化的学分制度改革；三是以学生产出为核心的质量保障标准；四是构建具有国际可比性的内、外部协同的质量保障体系。华中科技大学赵炬明（2008）指出，与世界大多数国家不同，美国长期以来就有对高等学校进行监督与评估的历史传统，在其上百年的发展历程中形成多元化和多样化的基本特点，其中最为典型的是20世纪二三十年代产生的学校认证制度和专业认证制度、20世纪七八十年代的科研项目定期审查制度、20世纪八九十年代的大学生学习效果调查和毕业生追踪调查、21世纪初兴起的世界大学排名等；他认为欧洲质量保障体系是在欧洲高等教育一体化以及新公共管理运动的影响下建立的，相对统一和规范是其基本特色；他还对2002年成立的欧洲高等教育质量保证协会（European Association for Quality Assurance in Higher Education，ENQA）的质量保障标准、质量保障方式、专家选择、聘任与培训等问题进行了系统的分析。此外，赵炬明（2009）在对美国和欧洲高等教育质量保障体系进行分析的基础上，提出要构建具有中国特色的高等教育质量保障体系。

2010年以后，我国学者的研究重心逐步转移到建设有中国特色的高等教育质量保障体系上来，这就形成了国际、国内高等教育质量保障体系研究相互交织、相互促进的新趋势。这一时期，学者对国外高等教育质量保障体系进行研究的同时，还从不同维度对中国高等教育质量保障体系的构建提出了意见。李奇（2010）认为在高等教育规模迅速扩大的背景下，构建政府、高校、市场三位一体的高等教育质量保障系统是历史的必然。构建质量保障体系应该包括输入、过程与输出保障，内外保障，问责保障三个子系统，其中输入、过程与输出保障系统的主要任务是建立政府和高校协作的绩效监控机制；内外保障系统的主要任务是明确学校的使命和目标、加强学校效果的评估、建立完善的知识管理系统、开展专业层面的课程教学开发以及加大教学支持的力度五个方面；问责保障系统的主要任务在于关注企业、社会公众和学生等群体的满意度。张应强、苏永建（2014）认为现代意义的高等教育质量保障具备三种倾向：问责取向的意识形态的反应、技术手段以及权力机制，三者交织在一起，共同对高等教育质量保障体系构建产生影响。只有构建以相互信任的社会契约关系为核心的质量文化，才能使质量保障发挥应有的作用，进而演变成一项长远的事业，具体来看包括三个方面：一是注重大学自主和学术自由；二是倡导基于所有利益相关者的共享责任文化，有效实现权力与责任的对等；三是在高校内部形成组织活力与个体创新协调发展的质量文化。王战军、乔伟峰（2014）认为中国高等教育质量保障正在从以控制为主的管理主义模式向以协调为主的治理模式转型，形成了涵盖职业教育、本科教育和研究生教育的以学生为根本、以高校为主体、以常态监测为手段的新理念，形成了以资格准入、自我保障和外部评价为基本内容的完整质量保障体系。此外，作者指出中国高等教育质量保障建设仍面临内外评估如何有效结合，促进高校多样化发展；如何提升外部质量保障的有效性等现实问题。

总体来看，在高等教育规模不断扩大和高等教育国际化持续推进的背景下，构建高等教育质量保障体系已成为世界各国无可争议的共识。对于工程教育领域来说，诞生于20世纪初期的美国专业认证制度成为其最为重要的质量保障方式，目前，包括中国在内的世界众多国家都建立了工程教育专业认证机构。进入20世纪90年代，工程教育专业认证呈现愈加明显的国际化趋势，各个国家之间的合作与交流得到有效的加强，其中美国、英国、加拿大等一些国家发起并开始构筑工程教育与工程师国际互认体系，涉及工程教育及继续教育标准、机构认证、学历/工程师资格认证等诸多方面。目前，作为世界上最为重要的工程教育联盟组织——国际工程联盟（International Engineering Alliance，IEA），关于工程教育国际互认的协议主要有7个（见表1-4），其中1989年签署的《华盛顿协议》（WA）、2001年签署的《悉尼协议》（SA）、2002年签署的《都柏林协议》（DA），规定了专业工程师、专业工程技师以及工程技术员的知识体系和毕业生标准，针对的是各类工程技术教育的学历互认；1997年签署的《国际职业工程师协议》（$IPEA$）、1999年签署的《亚太工程师协议》（$APEC$）、2001年签署的《国际工程技师协议》（$IETA$）、2015年签署的《国际工程技术员协议》（$AIET$），主要规定专业工程师、专业工程技师（工程技师）以及工程技术员所应具备的职业能力标准，针对的是各类工程师职业资格的互认（王孙禺、孔钢城、雷环，2007）。其中，《华盛顿协议》（WA）是各类工程学历或工程师互认协议中参与国家最多、最权威、最完善的国际协议。

表1-4　工程教育领域国际互认协议

性质	协议名称	签署时间	参与国家/地区数量	任务目标
学历互认	华盛顿协议	1989年	28	专业工程师 四年制工程学位
	悉尼协议	2001年	11	专业工程技师 三年制工程学位
	都柏林协议	2002年	9	工程技术员 二年制副工程学位

续表

性质	协议名称	签署时间	参与国家/地区数量	任务目标
工程技术人员资格互认	国际职业工程师协议	1997年	19	专业工程师 四年工程学位
	亚太工程师协议	1999年	16	专业工程师/工程技师 （亚太国家）
	国际工程技师协议	2001年	8	专业工程技师 三年制工程学位
	国际工程技术员协议	2015年	7	工程技术员

资料来源：International Engineering Alliance. Washington Accord, 2022-03-21, http://www.ieagreements.org/accords/washington/。

四 工程教育专业认证制度研究

（一）国外研究情况

早期关于工程教育专业认证的研究散落于高等教育认证的相关文献之中，经常以高等教育认证研究的经典范例形式出现，而这种形式难以形成系统理论。进入20世纪90年代，随着工程教育专业认证实践范围不断拓展，以及工程教育专业认证国际化趋势的不断加强，关于工程教育专业认证制度的研究逐渐活跃起来。目前，国外关于工程教育专业认证制度的研究成果，主要刊发在欧洲工程教育协会（Société Européenne pour la Formation d'Ingénieurs，SEFI）举办的《欧洲工程教育杂志》(*European Journal of Engineering Education*，EJEE) 和美国工程教育协会（American Society for Engineering Education，ASEE）举办的《工程教育杂志》(*Journal of Engineering Education*，JEE) 上。

欧洲工程教育协会（SEFI）正式成立于1973年，是欧洲规模最大的、最活跃的非营利性质的工程教育交流与合作组织。作为协会的会刊，《欧洲工程教育杂志》(*EJEE*) 是整个欧洲乃至世界工程教育研究成果发表的重要平台。20世纪末期，该刊就发表了关于工程教育专业认证的文章。当时全面质量管理运动以及 ISO9001 质量管理体系的兴盛使得社会各界对工程教育专业认证存在的合理性以及作用的发挥产生了各种质疑，研究人员通过将美国、加拿大的专业认证制度与全面质量管理以及 ISO9001 质量管理体系进行对比，认为三者的内在目标与框架呈现很多共同点，应该是相互促进、相互协调的关系；借鉴全面质量管理以及 ISO9001 质量管理体系的优势，将有利于促进专业认证制度在工程教育质量保障中发挥作用（Karapetrovic et al., 1998）。此后，该刊陆续刊出了介绍英国、德国等欧洲国家以及美国、加拿大等北美洲国家工程教育专业认证实践的相关研究成果，具体涵盖行业协会在专业认证制度构建中扮演的角色（Nethercot, 1999）、专业认证的评价标准设计（Schachterle, 1999）以及专业认证制度的适用性与个体作用的发挥（Brusselmans, 2000）等。进入 21 世纪，系统分析世界范围内各个国家的专业认证制度的文献在该刊开始大量涌现，内容主要涉及各个国家的认证机构、标准以及程序等，具体包括日本（Ohnaka, 2001）、葡萄牙（De Barros, 2001）、土耳其（Akduman et al., 2001）、智利（Letelier and Carrasco, 2004）、俄罗斯（Pokholkov et al., 2004）、拉美诸国（Castillo and Alvarez, 2000）等。具体分析来看，由于这一时期各个国家专业认证制度构建正处于起步阶段，各个国家的工业水平和工程教育发展程度又有较大差距，因此这些研究基本偏重浅层次的实践经验介绍，缺乏有深度的理论探讨；此外，这些国家的认证机构、标准以及程序等很大程度上效仿美英发达国家，缺乏自身的特色，因此其建立的专业认证制度的实际作用也就大打折扣，难以起到应有作用。

此后，该刊关于工程教育专业认证的研究逐步形成以微观为主、微观与宏观并存的格局，作者的来源和身份也更加多元，研究也更加系统深入。例如，在微观研究领域，认证标准的持续改进以及适用（Nguyen et al., 2009）、认证中高校作用的发挥及其影响（Solomon et al., 2017）、认证对学生和教师学习以及职业发展产生的影响（Watson and Fox, 2015；Hurt-Avila and Castillo, 2017）等成为研究的重点；在宏观研究领域，更加注重美英等国工程教育专业认证的最新进展及其国际影响（Bose et al., 2017）、全球范围内工程教育专业认证发展的回顾与展望（Patil and Codner, 2007）等方面的研究。

自美国 1932 年成立工程与技术认证委员会（ABET）以来，ABET 已成为全球范围内权威和受欢迎的认证组织之一，其在 1997 年制定的"EC 2000"准则已成为包括中国在内的众多国家在构建自身的工程教育专业认证标准体系时的重要参考。[①]

"EC 2000"准则自发布以来迅速在美国乃至世界范围内被广泛传播。这一时期，《工程教育杂志》（JEE）从各个维度对"EC 2000"准则进行了详细解析，研究内容包括基于"EC 2000"准则的认证准备工作和基本程序、"EC 2000"准则的特点和有效性、应用"EC 2000"准则时需要注意的问题、可以采用的认证方法、如何达到"EC 2000"准则的认证标准、"EC 2000"准则的国际影响等。此外，还有部分学者对美国工程教育、工程教育专业认证及其标准的发展变革历程进行了回顾，探讨了认证对工程专业人才全球流动的重要作用，以及未来研究的需求方向（Prados et al., 2005）。此后，除了继续对"EC 2000"准则展开相关研究外，在研究方向和内容方面《工程教育杂志》（JEE）与《欧洲工程教育杂志》（EJEE）均有趋同的发展趋势，即微观研究与宏观研究并重，并且研究的具体内容也更加多样化。

（二）国内研究情况

中国高等教育评估工作始于 20 世纪 80 年代中期。1985 年中共中央发布《关于教育体制改革的决定》，该决定首次提出"对高等学校的办学水平进行评估"。同年，国家教育委员会（现教育部）发布《关于开展高等工程教育评估研究和试点工作的通知》，要求对工程类院校的办学水平、学科建设以及课程设置等进行评估（王孙禺、袁本涛、黄明东，2008）。自此，中国工程教育专业认证逐步形成。为了借鉴国外工

[①] ABET. Critera for Accrediting Engineering Progarms, 2022-03-22, https://www.abet.org/?s=Critera+for+Accrediting+Engineering+Progarms.

程教育专业认证制度的成熟经验，中国通过赴国外实地考察、组织中外交流会议以及出版专业书籍的方式向美国、加拿大等发达国家学习（韩晓燕、张彦通、王伟，2006）。在此基础上，毕家驹教授发表了一系列关于工程教育专业认证制度的文章，包括在中国推行工程教育专业认证制度的必要性和重要意义（毕家驹、沈祖炎，1995）、介绍以美国为代表的国外工程教育专业认证制度（毕家驹，1997）、《华盛顿协议》（WA）的实施进展（毕家驹，1999a）、土木工程专业认证工作的有效开展（毕家驹，1999b）、工程学位与工程师资格的有效衔接（毕家驹，1996）等。

进入21世纪，关于工程教育专业认证制度的研究成果不断涌现。这些文章介绍了包括美国（朱永东、叶玉嘉，2009）、英国（郑娟、王孙禺，2017）、法国（李国强、江彤、熊海贝，2013）、德国（清华大学工程教育认证考察团，2006）等众多发达国家工程教育专业认证制度的实践概况，其中关于美国的文章最多。此外，也有少部分文章是关于亚洲国家的介绍，诸如韩国（高辉、陆筱霞，2010）、日本（袁本涛、王孙禺，2006）等。从具体内容来看，这些文章主要是介绍国外工程教育专业认证机构、标准、程序以及对象等，并在此基础上提出了建立中国特色的工程教育专业认证体系的设想。此外，还有部分学者指出我国工程教育庞杂、多样，要注意认证的层次性问题（韩晓燕、张彦通、王伟，2006）。总的来看，学者普遍认为，在认证机构建设上，要建立全国性的统一工程教育专业认证机构，该机构由政府主导，但在具体工作中需保持较高的独立性，这样既有利于保证认证机构的权威性，又能保障认证机构的工作不受行政权力的过度干预而保证其公正性；在认证标准建设上，既要有中国特色，又要借鉴国外的成熟经验，以便实现有效的国际接轨；在认证具体实施中，要先选择部分高校或专业进行试点，再逐步推广到全国（李茂国、张彦通、张志英，2005）。

2013年，我国成为《华盛顿协议》（WA）预备会员，此后关于工程教育专业认证的研究呈现快速增长的趋势，有关工程教育的研究成果，年发文量由 30 篇增加到 170 多篇。研究的主题集中于《华盛顿协议》（WA）对中国产生的影响、加入《华盛顿协议》（WA）后应该如何构建具有中国特色的工程教育专业认证体系。这一时期，方峥（2013），姚韬、王红、佘元冠（2014），陈利华、赵津婷、姚立敏、李恒威、刘向东（2017）等对此做了系统深入的研究。与国外研究趋势大致相同，我国学者研究主题亦呈现出多样化的趋势，涉及国外工程教育专业认证制度改革的系统介绍（余天佐、刘少雪，2014）、中国工程教育专业认证的回顾与展望（王孙禺、赵自强、雷环，2014）、具体学科专业认证工作的开展（余天佐、蒋建伟、任锐、刘少雪、庄颖，2015）、工程教育专业认证与工程教育改革（林健，2015）、专业认证与各专业人才培养（于蕾、刘玉萍、李薇、王彬，2016）等。

五　国内外研究总结与述评

总体来看，在经济全球化和高等教育国际化背景下，工程教育随着全球范围内经济发展与科技进步处于不断演变和革新之中，工程教育的重要地位和价值日益凸显。中国工程教育在持续取得重大成就的同时，也面临着多重危机与挑战，工程人才培养质量及其国际竞争力亟待提高。国内外学者关于工程教育质量保障体系的研究日趋活跃、多样、深入，理论与实践成果丰硕。德国作为工程教育的传统强国，形成了较为完善的质量保障体系，为德国的工业化发展输送了大批优秀的工程科技人才。本书选择德国作为具体的研究对象，对以专业认证为核心的德国工程教育质量保障体系展开系统、深入的研究，无疑会对构建具有中国特色的工程教育质量保障体系产生较高的理论价值和实践意义。

从工程教育质量保障体系的概念界定来看，目前的研究虽然还没有比较权威的解释，但学者对工程教育质量保障体系的实施主体、标准、程序、目标等要素形成了较为一致的共识。本书借鉴前人研究成果，更加注重对工程教育质量保障的操作性进行界定，即围绕国家层面的以工程教育专业认证为核心的外部质量保障体系、高校层面的基于个案研究的内部质量保障体系，开展对德国工程教育质量保障体系的研究。

从工程教育发展的基本模式和工程教育质量保障体系来看，美、德两国工程教育体系都十分发达，培养的工程师都深受各国欢迎。但从目前的研究状况来看，对美国的研究居多，而且较为系统、深入。工程教育质量保障作为一种实践性和操作性较强的工作，其研究现状是与工程教育质量保障体系的实践状况密切相关的，这尤其体现在工程教育专业认证制度上。美国较早建立起完善的工程教育专业认证制度，制定了"EC 2000"准则，并且是《华盛顿协议》（WA）主要签约国和推动国，由此对于美国的相关研究相较其他国家要广泛、深入得多，美国本土和包括中国在内的众多国家都给予了高度关注，其研究范围也从宏观的组织制度建设延伸到微观的教学改革与课程建设。相比之下，德国虽然是欧洲高等教育一体化的积极倡导者，也积极申请参与到《华盛顿协议》（WA）和博洛尼亚进程之中，但由于以专业认证为核心的质量保障体系构建时间较短，其国际影响力与美国相差甚远，使得相关研究也相对零散，不够系统。因此，本书在对德国工程教育体系和历史发展沿革进行系统介绍的基础上，将对德国以专业认证为核心的工程教育质量保障体系进行系统和全面的研究。

工程教育专业认证制度作为各国工程教育相关研究的重中之重，同样是本书的核心内容。工程教育专业认证制度作为一种较为成熟、完备的工程教育质量保障手段，具有非常强的可复制性、可操作性特点，这使得专业认证制度成为深受各国欢迎的、可提升工程教育质量的途径与方法。相比而言，国内目前的相关研究尚处于对国外工程教育专业认证制度的经验介绍或简单比较，并在此基础上提出对中国的启示的阶段，很多研究并未考虑到中国工程教育发展的具体国情，也并未形成系统的理论成果。同时，美、德等发达国家专业认证制度的构建都是镶嵌在本国特定的社会制度环境之中，且随着时代的发展不断变化；在不同的时间段，政府、工业界、高校以及行业协会等众多利益相关者的利益博弈很大程度上决定着专业认证制度的走向。然而，目前中国学者鲜有结合政治、经济、社会以及科技的发展情况，对中国的工程教育专业认证进行深入的分析。因此，本书从系统论的视角对德国工程教育专业认证制度做深入的分析，以进一步完善工程教育专业认证理论层面的研究；以历史制度主义的视角审视德国工程教育专业认证制度的基本变迁规律，以求从中探查中德两国制度本身内在的共同规律；通过多重制度逻辑的分析范式以及利益相关者的视角，分析各利益相关者是如何博弈，以及如何达到系统均衡的，以此来重构我国各利益相关者的基本角色与功能定位。通过系统论、历史制度主义、利益相关者、多重制度逻辑等相关理论的应用，最终形成对德国工程教育专业认证制度的系统研究。

美、德两国均形成了较为完备的工程教育质量保障体系，对其他国家具有较高的借鉴意义。从目前来看，建立具有国际水平、中国特色的工程教育质量保障体系已成为中国教育界、工程界的广泛共识。本书选择德国作为研究对象，主要出于以下两点考虑。一是从已有的研究文献来看，目前关于美国工程教育质量保障体系的相关研究较多，且较为成熟；相比之下，关于德国工程教育质量保障体系的研究不仅量少而且不够深入、系统。二是从已有的研究成果来看，美、德两国遵循着不同的工程教育发展逻辑，以工程教育专业认证为例，美国工程教育专业认证制度更多的是内因催发下的产物，是一种自下而上的"诱致性制度变迁"模式；德国工程教育专业认证制度更多的是外因催发下的产物，是一种自上而下的由政府主导的"强制性制度变迁"模式（胡德鑫，2017）。从我国建立工程教育专业认证制度具体的实际情况来看，与德国有很大的相似性。在高等教育国际化背景下，中国政府按照《华盛顿协议》（WA）的要求成立了中国工程教育专业认证协会，专门负责工程教育专业认证工作的整体实施。虽然在工程教育专业认证制度的构建中，我国在很大程度上效仿美国，在认证机构、认证标准以及认证程序等方面力求与其保持一致，但就本质而言是与德国相同；我国的工程教育专业认证制度发展过程同样也是一场由政府主导的"强制性制度变迁",这也是本书选择德国工程教育专业认证制度作为研究对象的一个重要原因。

第三节 基本内容概述

一 研究目标

(一)理论目标

在综合运用系统论、历史制度主义、利益相关者、多重制度逻辑以及创造力系统的基本理论或分析范式的基础上,以德国工程教育质量保障体系为研究对象,以国家层面的专业认证为核心的质量保障和学校层面的基于个案研究的质量保障路径为研究主线,深入剖析德国是如何系统地构建其工程教育质量保障体系的。

(二)应用目标

在借鉴以专业认证为核心的德国工程教育质量保障体系的基础上,梳理中国工程教育专业制度的历史沿革以及运用比较的方法分析面临的问题,从国家层面和高校层面提出构建具有中国特色工程教育质量保障体系的具体举措,以此有效提升中国工程教育的质量和国际竞争力。

二 主要研究内容

(一)德国工程教育发展模式基本概况

首先,从历史视角对德国工程教育的历史沿革进行梳理。与英、法等国相比较,德国工程教育起步较晚,但由于有效借鉴法国理工大学的办学模式,加之采用博依特(GP. W. Beuth)技术教育和洪堡(Wilhelm von Humboldt)思想的办学指导,德国的工程教育在19世纪迅速崛起。目前,德国卓越的工程教育质量和工程师人才培养享誉全球,与美国工程教育并驾齐驱。其次,对德国工程教育体系的基本构成做系统分析。本书所讨论的工程教育主要聚集于高等教育领域,其实施机构大致包括以培养研究型人才为主要目标的工业大学(Technische Universität,

TU)、以培养应用型人才为主要目标的应用技术大学（Fachhochschule, FH）、以培养职业型人才为主要目标的职业学院（Berufsakademie, BA）。

（二）以专业认证为核心的德国工程教育质量保障体系

以专业认证为核心的德国工程教育质量保障是本书最为核心的部分。首先，从历史制度主义的视角分析欧洲高等教育一体化建设和《华盛顿协议》（WA）对德国建立专业认证制度产生的影响（Borri and Maffioli, 2007），以及工程、信息科学、自然科学和数学专业认证机构（ASIIN）构建的历史过程。其次，从系统论的视角对德国工程教育专业认证制度的认证目标、认证标准以及认证程序等作详细的剖析。最后，从利益相关者和多重制度逻辑的视角，分析政府、高校、企业和行业协会等各利益相关者的基本利益诉求以及在工程教育认证系统中承担的基本角色。具体来说，就是分析在工程教育专业认证中国际、国内因素如何对高校运行产生影响，高校自身是如何通过一系列的改革来回应这种挑战，以及政府、高校、企业和行业协会等各利益相关者在互动与冲突中如何实现平衡和共赢，最终如何形成稳定的制度均衡系统。本书在分析运行机制过程中，着重运用了利益相关者和多重制度逻辑的分析方法。

（三）职业教育质量保障体系的构建及启示

职业教育作为德国工程教育系统的有机组成部分，并未纳入国家统一的专业认证制度体系之中。因此，有必要对德国职业教育质量保障体系的构建做系统分析。首先，对德国职业教育质量保障体系的历史发展沿革进行介绍，尤其对在历史实践中形成的ISO9001、EFQM 和 Q2E 三种经典模式的行动模型和框架进行分析。其次，对德国职业教育质量保障体系的基本特征进行总结，以期为我国职业教育质量保障体系建设提供政策建议。

（四）个案研究——慕尼黑工业大学质量保障体系的构建

对德国最负盛名的理工类大学——慕尼黑工业大学进行个案研究。

首先，对慕尼黑工业大学向创业型大学转型的概况作简要的分析。其次，简要介绍研究中要运用的分析框架——创造力系统，尝试从场域（师资队伍建设），领域（学科专业建设、课程内容与教学方式变革），个体（人才培养模式）三个维度剖析慕尼黑工业大学质量保障体系的构建。最后，在总结慕尼黑工业大学质量保障体系构建基本特征的基础上，提供对中国工程教育质量保障体系建设的启示与建议。

（五）专业认证视野下中国工程教育质量保障体系的实践与构建

在简要介绍中国工程教育发展现状的基础上，本书着重从两方面进行讨论：一是系统梳理中国工程教育专业认证体系的组织机构、认证流程和认证标准，并在此基础上采用比较分析的方法从认识层面、组织层面、制度层面和实践层面分析中国工程教育质量保障体系构建中存在的问题；二是在借鉴德国工程教育质量保障体系的基础上，提出中国工程教育质量保障体系的改革趋向和政策建议，进而探讨如何根据中国工程教育的实际发展现状，在认证机构、程序、标准以及认证队伍建设等方面进行二次创新，从而积极推进具有中国特色、国际水平的工程教育专业认证体系建设。

三 拟解决的关键问题

为了实现以上研究内容，本书拟重点解决如下四个关键问题。

（一）对德国工程教育发展历史沿革的系统了解与熟悉

德国工程教育发展历史沿革是德国工程教育质量保障体系建立的大背景，亦是本书的研究基础。只有对其进行系统了解后，才可深入分析德国工程教育质量保障体系、德国工程教育认证制度的建立。

（二）对德国工程教育质量保障体系清晰、准确的界定

德国工程教育质量保障体系是本书的研究对象。目前，关于质量保障体系并无准确、权威的定义，因此本书拟着重对工程教育质量保障体系作操作性层面的界定。只有对工程教育质量保障体系进行清晰、准确的界定，才能为探讨德国工程教育质量保障体系奠定基础。

（三）对系统论、历史制度主义、利益相关者、多重制度逻辑和创造力系统等理论分析框架的掌握以及在研究中的合理运用

系统论、历史制度主义、利益相关者、多重制度逻辑辑和创造力系统等是本书的理论分析框架。对其熟练地掌握及其合理运用需要具备大量管理学、社会学、经济学以及教育学的知识背景，笔者拟着重加强相关文献的阅读，并在请教相关专家的基础上，务求将系统论、历史制度主义、利益相关者、多重制度逻辑和创造力系统等理论分析框架准确、合理地"嵌套"在分析研究之中。

（四）在借鉴德国工程教育的基础上，构建具有中国特色的工程教育质量保障体系

德国作为传统的工程教育强国，无论其发达的工程教育体系，还是完善的工程教育质量保障体系，对中国工程教育都有极高的借鉴价值。当然，目前中国着力推进以《华盛顿协议》（WA）为代表的国际互认与实质等效，这与德国退出《华盛顿协议》（WA）是截然不同的方向。因此，如何在借鉴德国工程教育的基础上，构建符合中国国情的工程教育质量保障体系需要各领域努力探索。

第四节　理论基础

一　系统论

"系统"一词最早源于17世纪古希腊语"systema"，意为部分构成整体。20世纪30年代末，随着二战后科技大发展，各学科研究领域不仅日益细化，而且相互渗透。在此背景下，系统论思想的雏形应运而生，理论生物学家贝塔朗菲（Ludwig Von Bertalanffy）于1937年提出一般系统论。1968年，其发表的专著《一般系统论——基础、发展和应用》（*General System Theory: Foundations, Development, Applications*），确立了这门学科的学术地位，成为系统论正式形成的重要标志（张珏，2014）。目前来看，对于"系统"的解释比较庞杂，多达几十种。例如,"系统是多个相互关联的元素按一定顺序的排列与组合","系统是联系紧密的过程或物质的集合","系统是将零散化的事物组织化的过程","系统是结构不断变化的有机整体"等。系统论的价值在于"各种各样的"系统赋予共同特征或价值,其包含系统、结构、要素以及功能等维度,以及各维度之间的相互关系和运行规律。利用系统论的理论知识去控制与改造系统,调整与完善结构,协调各要素之间关系,最终使系统的各项功能符合社会和人发展的需要。总之,系统论的核心观点就在于系统不是要素的简单机械组合,而是将处于孤立状态的各要素按其功能有机结合成具有特定结构的整体。同样,系统的分类也是多种多样的,而且是不断变化的。按范围,可划分为宏观系统和微观系统;按学科,可划分为自然系统、社会系统和思维系统;按与环境的关系,可划分为封闭式系统和开放式系统,等等。

系统论自产生以来,广泛应用于工程学、管理科学、医学、农业科学等领域。进入 21 世纪,逐步拓展至教育学研究领域,广泛应用于学科层次优化、教育政策制定、高等教育管理、思想政治教育等领域。同样,对于工程教育领域来说,系统论有着无可替代的重要价值与作用。工程教育专业认证制度是由多个子系统和要素有机组成的复合整体,如认证目标系统、组织机构系统、运行程序系统以及认证准则系统等,同时在每个子系统下面又含有多个要素。因此,只有各个子系统以及要素之间有效配合、相互协作,才能发挥专业认证制度在工程人才培养中的质量保障作用,从而有效提高工程教育的办学质量。本书采用系统论的观点审视和研究德国工程教育专业认证制度的构成系统,这对我们深入了解德国工程教育质量保障体系的构建过程及其作用发挥有着重要价值与意义。

二 历史制度主义

对于我国来说,"制度"一词同样是舶来品,源于 17 世纪 30 年代的欧洲,意为一整套相关的原则、事实、思想等。19 世纪,"制度"开始逐步成为政治学的重要研究对象，即"现行社会秩序"。20世纪五六十年代以后，受到科学主义思潮的冲击和影响，行为主义逐渐受到重视，而"制度"则被排除在主流价值和分析范式之外。80年代，制度分析的社会价值被重新发掘，进而成为应用于包括教育学在内的整个社会科学领域的新兴分析方式，即新制度主义。目前，新制度主义的流派多达十几种，在政治科学研究中就至少包括历史制度主义、理性选择制度主义和社会学制度主义三种主流流派（Hall and Taylor，1996）。历史制度主义是政治科学中较早形成完整、系统方法论的重要流派，其形成过程中吸收借鉴韦伯解释社会学的相关知识，并批判继承了行为主义科学和旧制度主义的部分观点。历史制度主义强调通过对社会历史事件的重塑来分析过去对现在的潜在影响，将政治生活中各行动者的复杂结构关系统一纳入制度建构的分析范式之中，从而对社会制度变迁以及新兴制度的最终形成做出全新的诠释（牛风蕊、沈红，2015）。这为制度研究，特别是中观层次的制度构建提供了有效的工具和手段。

20世纪50年代中期形成的因果结构观（路易·阿尔都塞、艾蒂安·巴里巴尔，2015），使历史制度主义非常注重分析对政治结果产生影响的各要素结构的排列及其相互关系，由此进一步借用经济学中"路径依赖"概念，形成以路径依赖为基础的制度变迁理论。从类型来看，制度变迁理论主要把制度变革的模式分为"强制性"和"诱致性"两种。"强制性"强调制度变迁的驱动力是自上而下进行；"诱致性"强调制度变迁的驱动力是自下而上进行。从发展阶段来看，制度变革的模式可划分为制度正常期和制度断裂期。制度处于正常期时，制度内部的各种要素保持相对稳定，同时制度与外部环境之间也保持很强的均衡性；制度进入断裂期时，制度内的各要素相互冲突、充满矛盾，同时外部环境也发生急遽的变革。此时，制度路径依赖的惯性会被中断，各种制度要素相互博弈，进而形成新的制度并加以固化。进入21世纪，中国众多学者开始运用历史制度主义的基本理论及其分析范式对教育制度的变迁进行分析，通过制度主义的视角重新审视高等教育现象与问题，提出制度创新的可行途径。本书遵循历史制度主义的基本分析范式，重点探究德国工程教育体系及专业认证制度的发展历程和制度变迁的动力机制。

三 利益相关者

利益相关者理论产生于 20 世纪 60 年代的商业领域，是在对"股东至上理论"的质疑中逐步发展起来的。1963 年，斯坦福大学学者提出了"利益相关者"概念，即一些组织因生存和发展等因素而形成的利益共同体。1984 年，弗里曼（R. Edward Freeman）在《战略管理——利益相关者方法》(Strategic Management: A Stakeholder Approach) 一书中提出"利益相关者"，即政府、债权人、股东、消费者、雇员、社团组织等任何影响企业目标实现的团体或个人（R. 爱德华·弗里曼，2006）。进入 21 世纪，在借鉴美国学者罗索夫斯基（1996）观点的基础上，胡赤弟（2005）利用利益相关者分析方法对高等院校中的利益相关者进行系统解析，他把利益相关者分为权威利益相关者（包括政府、教师、学生以及出资者等），潜在利益相关者（包括立法机关、捐赠者以及校友等），第三层利益相关者（包括企业、银行、媒体以及市民等）。胡子祥（2008）认为利益相关者群体能够对高等教育评估施加重要影响，反之，高等教育评估的推行也能够影响利益相关者群体的利益博弈格局。此后，利益相关者理论在工程教育课程改革、学习效果评价、高等教育信息化发展以及大学生就业体制变革等相关研究中也多有应用。

从专业认证制度的角度来看，利益相关者主要是指能够对工程教育专业认证制度施加影响或潜在影响的团体与个人。余寿文（2007）认为，政府、大学、工业界以及中介组织是各国工程教育的利益相关者，他们的组织结构、权力强弱都是随着时代的变化而不断演变的；工程教育专业认证制度的构建及运行态势就是利益相关者不断相互作用，进行利益博弈的结果。具体到本书所讨论的专业认证制度的利益相关者，主要分为高校（工业大学、应用技术大学等），政府（联邦政府、各州政府等），企业，行业协会（以德国工程师协会为代表）四类。在德国，高校利益相关者主要是指德国各类工业大学、应用技术大学以及高校校长联席会议（HRK）；政府利益相关者主要是指联邦政府、各州政府和16州文教部长联席会议（KMK）等；企业利益相关者主要是指各类从事工业生产或与之相关的企业团体；行业协会主要是指以德国工程师协会为代表的各类专业组织。基于利益相关者的视角，本书着重探讨政府、高校、企业和行业协会利益相关者如何参与德国专业认证制度的构建，扮演何种角色，如何发挥作用，如何实现认证制度的系统均衡。

四 多重制度逻辑

20世纪80年代初期，制度研究者认为社会环境对组织结构、类型以及行为发挥着很强的影响和制约作用，组织同构化的机理在很大程度上得到诠释（Zimmerman and Zeitz，2002）。进入90年代，现代组织日益复杂、多样，新制度主义研究者采用制度逻辑的基本理论解释组织呈现多元化的原因。美国学者弗里德兰（Roger Friedland）等人最早提出了"制度逻辑"的基本概念，即特定组织领域的各要素经过不断博弈和妥协形成的一系列规则、信念和文化系统。同时，他认为现代社会就是由多种相互影响和制约的制度逻辑共同构成的，其中包括五种核心的制度秩序，即资本主义市场、核心家庭、官僚政治体系、民主传统和宗教信仰。此后，部分学者进一步将制度逻辑的应用领域从宏观的社会层面拓展到中微观的场域和产业层面（Thornton et al.，2012）。进入21世纪，制度逻辑研究者开始关注相同时间段的一个具体场域内（如政治场域、法律场域、教育场域、美学场域、文化场域等）多重制度逻辑的共存和混合（Lounsbury，2007）。有些学者认为，在相同领域内的多种制度逻辑之间是相互冲突争斗的（Dunn and Jones，2010）或角逐竞争的（Purdy and Gray，2009）；但也有研究表明，一个场域内的多种制度逻辑的矛盾与冲突是可以协调的，并最终形成双赢或多赢的局面

(Goodrick and Reay, 2011)。目前, 关于制度逻辑的相关文献主要集中于制度逻辑的基本理论探讨,以及从宏观层次上考察制度逻辑是如何影响组织的规章制度、基本结构以及发展方向的形成 (Lounsbury and Boxenbaum, 2013), 但是制度逻辑在场域内如何具体地进行竞争或实现合作交融,以及社会行动者在场域层面如何运用逻辑来实现制度变迁却缺乏进一步深入的探讨。总之,制度逻辑的基本观点强调现代社会是复杂多元的,其很大程度塑造了组织的多样性,组织受社会中不同制度逻辑的影响呈现出多种多样的行为战略和应对方式。

同样,从制度逻辑的分析范式来看,与现代社会组织一样,高等教育系统同样是一个多元、复杂的"社会系统",其呈现办学目标多元、组织规则松散、运行机制无序、教学内容与方式分化以及教师自由度较高等特征(Weick, 1976)。因此,运用多重制度逻辑分析教育政策或制度的历史变迁具有很强的合理性和适切性。在此理论假设下,运用多重制度逻辑分析德国以专业认证为核心的工程教育质量保障运行机制时,需对以下三点做出界定。第一,工程教育相关制度历史变迁中各制度逻辑要素的分类要符合社会发展的历史与现实,这是多重制度逻辑运用的先决条件。在借鉴克拉克(Burton R. Clark)国家、市场和学术三角协调模型的基础,本书认为在德国专业认证制度构建中,包括以政府为代表的政治逻辑、以高校为代表的学术逻辑、以企业和行业协会为代表的市场逻辑三种制度逻辑要素。第二,工程教育制度变迁是多种制度逻辑要素相互博弈或妥协而最终形成的。在稳定的社会环境中,单一制度逻辑要素并不能主导专业认证制度的历史变迁,其是政府、高校、企业和行业协会等所有制度逻辑要素经过长期的博弈而最终形成的。第三,制度逻辑在宏观的专业认证制度与中微观的政府、高校、企业、行业协会等具体的社会行动者之间建立起有效沟通的运行机制。在专业认证制度构建过程中,通过对制度系统的整体分析,可以有效预测各社会行动的行为逻辑及其背后的利益诉求。

五　创造力系统

早在古希腊时期，就有柏拉图对创造力进行研究的文献记载。在研究早期，学者们通常把个人创造力存在差异的原因归结于心理的不同，即人的认知过程和人格特征决定着创造力的不同。但随着创造力研究的逐步深入，研究人员发现单纯靠人的认知和人格并不能完全解释个体创造力存在差异的原因，个体所在的家庭/群体环境，所接受的文化教育，乃至个人所处的社会环境都会对其创造力的形成及发展产生重要的影响。因此，研究者们将早期的个体要素与现在的文化要素、社会要素结合起来，开展对个体创造力的研究。20 世纪 90 年代初期，德国学者厄本（Klaus K. Urban）较早对创造力的概念进行归纳总结，认为创造力是"个体在解决特定自然科学或社会问题时会表现出的非凡、创新、出人意料的能力，而影响这种能力既与个体的认知、人格以及知识结构等个体要素有关，也与其所处的文化和社会发展等外部环境密切相关"（Urban, 1991）。也就是说，个体的创造力塑造深受内外部环境的共同影响，是内外部要素相互沟通、协调、冲突以及博弈的结果。

在前人关于创造力研究的基础上，美国芝加哥大学心理系教授奇凯岑特米哈伊（Mihaly Csikszentmihalyi）在《创造力手册》（*Handbook of Creativity*）一书中，从系统论的角度出发，提出旨在阐释包括教育系统在内的个体创造力如何产生、演化以及如何有效培养的创造力系统模型（见图 1-1）。该书提出创造力系统的形成，实质上与生物进化和文明演进如出一辙，它们都要与所在的历史文化环境发生交互作用，是多种要素共同影响的结果。在该模型中，共包括三个影响创造力系统形成的要素：一是个体，主要是指来自个体的人格或认知等因素的影响；二是领域，主要是指来自文化要素的影响；三是场域，主要指来自社会要素的影响。创造力系统的形成受到个体、领域和场域的共同影响，三者进行信息、资源以及技术等方面的相互协作，促使个体创造性行为和思想的产生。

在高等教育系统内部，场域、领域以及个体，同样共同影响着学生

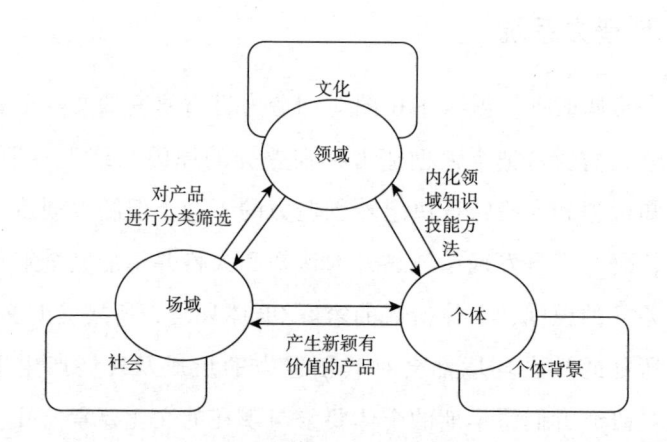

图 1-1　创造力系统模型
资料来源：根据公开资料整理而成。

创造力的形成。首先，场域有广义和狭义之分，广义的场域是指由特定群体构成的社会组织，即高校本身；狭义的场域仅指有特定目标的社会群体组成的共同体。在高等教育系统中，特定的社会群体主要指的是高校教师，他们掌握着相关的专业知识和技能，扮演着场域内"守门人"的角色。总的来看，教师群体的作用有二：一是教师群体教授给学生进行创造性活动所必须具备的知识、能力以及价值观；二是教师群体决定着个体产生的新颖而有价值的产品或成果能否进入领域内部，积极开放的教师群体对学生的创造性产品或成果，更多地给予关怀、鼓励和支持，这更有力于促进学生创造力的提高，反之，封闭保守的教师群体对学生的创造性产品或成果，更多地表现出怀疑、反对和否定，这对学生创造力的打击无疑是致命的。其次，在高等教育系统内，领域通常可以被阐释成学科专业、课程以及教学的集合，在领域内学生通过学习逐步获得开展创造力活动所需要的知识、能力、素养和价值观等。学科是知识的系统划分，各个国家的划分标准有所不同，且随着社会的发展变化不断修订。但学科的划分又具有共同点，一般可以归纳为自然科学、工程与技术科学、人文与社会科学、农业科学、医药科学五类。而课程和教学则是组织学生在相关的学科专业中进行知识学习与获得的有效方式，具体包括课程目标、课程内容以及教学方式等。总之，领域是学生进行创造性活动的基础条件，如果没有通过一系列行之有效的学科专业、课程和教学等作为基础来进行知识体系的获取与学习，其结果必然意味着学生创造力塑造的失败。个体既是影响创造力形成至关重要的因素，也是进行各种创造性活动的能动主体。厄本在研究中认为个体是指"整体的人"，由主人格成分和认知成分两部分交叉组合而成，前者由行为动机、对不确定性事情的容忍度、时间与精力投入等因素组成，后者由一般知识、特定知识和发散性思维等因素组成。总的来看，作为创造性活动的主体，个体的创造性产品或成果必须经过场域中教师群体的认同、加工以及深化，才能进入学科专业、课程以及教学组成的领域之中，并进而实现个体创造力的塑造。

在高等教育系统中，个体创造力的形成无疑是场域的教师群体、领域内的学科专业、课程和教学以及个体共同塑造的，三者不断地进行相互沟通、协调、冲突以及博弈，最终推动个体创造力的形成。高等教育改革的最终目标在于提升人才培养质量，而学生群体的创造力作为衡量人才创新思维与能力的重要标准之一，不仅是人才培养质量的重要体现与衡量标准，也是高校特别是研究型大学推进质量保障体系的最终目标。因此，笔者尝试将创造力系统的分析框架，应用到慕尼黑工业大学质量保障体系构建的研究之中。具体来说，本书将从场域（师资队伍建设），领域（学科专业建设、课程内容与教学方式变革），个体（人才培养模式）三个维度，来剖析慕尼黑工业大学是如何通过不断改革提升办学水平，进而间接地实现质量保障体系构建与螺旋式上升，以期为我国研究型大学系统地构建质量保障体系提供有益借鉴与参考。

第五节　研究思路与方法

一　研究思路与技术路线

本书的基本思路是：在对德国工程教育发展历史沿革以及工程教育

系统基本构成进行简要分析的基础上，利用系统论、历史制度主义、利益相关者、多重制度逻辑和创造力系统等作为理论分析框架，对国家层面的以专业认证为核心的工程教育质量保障以及职业教育质量保障体系进行深入剖析；运用创造力系统的分析范式，对高校层面的基于个案分析的工程教育质量保障体系进行系统研究；对我国工程教育质量保障体系的实践探索进行介绍、分析的基础上，借鉴德国的实践经验，提出具有中国特色的工程教育质量保障体系的改革趋向和政策建议。

二　研究方法

第一，文献研究法。笔者围绕工程教育、工程教育专业认证、工程教育质量保障体系等相关研究主题，利用中国知网、超星电子图书等中文数据库和 Web of Science、EBSCO、Scopus 等外文数据库作为检索工具，运用参考文献拓展查找相结合的方法，主要查阅了 20 世纪 90 年代以来与工程教育有关的中文和外文文献。同时，笔者还详细查阅国内外相关网站和文献资料，了解大量以德国为主的关于工程教育和专业认证的最新信息。

第二，比较分析法。本书主要涉及德国、中国工程教育、工程教育专业认证制度以及工程教育质量保障体系的历史演变及现状，从社会、经济、历史等多角度、多层次进行分析，解释影响德国、中国工程教育质量保障体系的各种因素以及相互关系，对德国、中国基本的教育实践做细致的概括与分析。在总结德国工程教育质量保障体系的基础上，分析中国应该如何借鉴德国的经验，并且结合自身国情，建立起较为完善的具有中国特色的工程教育专业认证制度。此外，本书还简要介绍了美国、英国、法国、日本等国家的高等教育质量保障体系。

第三，个案分析法。本书选取德国最负盛名的理工类大学，也是世界顶尖理工类大学之一，被誉为"欧洲的麻省理工"的慕尼黑工业大学作为研究对象，深入探究慕尼黑工业大学是如何构建其内部质量保障体系的，其探究重点包括两个方面：一是学校办学条件、学科设置、课程教学、教师队伍等；二是学校是如何开展工程教育改革的，以及最终如何构建起学校层面的工程教育质量保障体系。

第四，访谈法。笔者在德国进行为期两周的实地考察，着重与两类群体展开访谈：一是工程、信息科学、自然科学和数学专业认证机构（ASIIN）的组织成员，访谈内容包括专业认证标准设计、实施程序、利益相关者职责协调以及退出《华盛顿协议》（WA）的主要原因等；二是慕尼黑工业大学的教师群体，访谈内容包括慕尼黑工业大学推进师资队伍建设、学科专业建设、课程内容与教学方式变革以及人才培养模式等系列改革是否卓有成效。通过对相关成员进行访谈，在宏观层面，重点考察德国工业教育的发展趋势、整个工程教育体系的历史演变与基本现状、工程教育专业认证制度的构建过程；在微观层面，重点考察德国高校内部是如何构建起工程教育内部质量保障体系的。

第五，历史研究法。历史研究方法强调根据历史史料对以往事件，以及过去对现在的影响进行分析。历史研究方法贯穿本书始终，主要体现在四个部分：一是德国工程教育的历史发展沿革；二是在德国专业认证体系构建中，欧洲高等教育一体化建设以及《华盛顿协议》（WA）是如何对其产生影响的；三是慕尼黑工业大学是如何向创业型大学转型的；四是中国工程教育和专业认证的历史发展沿革。

第二章
德国工程教育发展概况

第一节 德国工程教育历史发展沿革

一 中世纪以来德国大学的兴起与发展

中世纪以前,古希腊、罗马以及中国的高等教育已经存续了上千年。但严格来说,一般认为真正意义上的大学起源于中世纪的欧洲。最早"大学"一词来自拉丁文"universitas",其专指在12~13世纪西欧兴起的近现代大学。与以往有所不同,这种大学形成了较为正式的院系,有专职的教职人员,开设系统的课程,有稳定的教学场所等。欧洲最古老的大学是创办于1088年的博洛尼亚大学。在存续近千年的中世纪历史发展阶段,天主教会教皇和神圣罗马帝国的皇帝在很长一段时间内几乎掌握着一切世俗权力,同时教权和皇权相互斗争倾轧的现象也屡见不鲜;当时有文化的群体基本是神职人员和贵族阶层,教会对普通民众的思想控制使得整个欧洲社会经济发展、科技创新以及文化繁荣陷于停滞状态。因此,中世纪又被称作"黑暗时代",德国近现代大学就是在这样恶劣的环境下逐步发展起来的。

中世纪的德国,邦国林立,战争不断,加之教会在思想文化领域的强力控制,使得德国与其他西欧国家相比,近现代大学出现的时间较晚。中世纪,德意志势力范围内最早的大学是创建于1348年的布拉格大学和 1365 年的维也纳大学等（需要说明的是，这两所大学目前分别位于捷克和奥地利境内）。14 世纪末 15 世纪初，教会大分裂事件使德国大学赢得较为有利的生存土壤，一方面，教会的分裂使得其对高等教育的控制在相当程度上被弱化；另一方面，教会把大学视作其争夺权力的有效工具，它们纷纷在自己的势力范围内建立大学以赢得社会精英群体的智力支持（姜维，2015）。

同其他欧洲大学一样，中世纪时期的德国大学仅开设神学院、医学院、法学院和文学院，其中文学院作为"低级"学院，是学生进入神学院、医学院、法学院等"高级"学院的基础和准备阶段（刘河燕，2012）。中世纪德国大学各类学院的课程明显具有实用性的特征，虽有一定蒙昧色彩，但也孕育了人们追求真理和理性精神的丰沃土壤，同时也为近现代社会进步和科学技术发展奠定了基础。

此后，在历经文艺复兴、宗教改革和启蒙运动三次思想解放运动后，德国的高等教育获得了长足发展，大学数量稳步增长，学科组织结构日益健全，教学形式更加多样，教学内容丰富多彩。总的来看，当时大学教育的基本功能并未在本质上发生颠覆性的改变，且一直持续到 19 世纪初的德国大学改革。19 世纪初期，德国内外交困，时任普鲁士王国内务部文教总管洪堡在 1810 年创立被誉为"现代大学之母"的柏林大学，确立了以"教学与科研相结合""学术独立""教学自由"为代表的高等教育办学理念，其被认为是"现代大学制度的肇端"，并被世界各国竞相效仿。在洪堡推进的大学改革的影响下，德国相继涌现出一批在世界范围内具有较高学术声誉的研究型大学。总体来看，德国引领了整个 19 世纪世界科学技术发展潮流，成为继意大利、英国、法国之后的第四个"世界科学中心"。

二　19 世纪以来德国工程教育的发展历程

德国高等教育办学历史可以追溯到 14 世纪中期，德国大学虽然历经近 500 年的发展历程，但工程与技术教育却始终被高等教育体系排斥在外。19

世纪，德国工程教育迅速崛起，与当时普鲁士政府内外交困的社会环境密不可分。从外因来看，1806 年普法战争以普鲁士失败告终，使得德国的民族危机日益加深；与此同时，大学或被迫割让，或纷纷倒闭，高等教育体系几乎遭到毁灭性的打击。从内因来看，自 18 世纪中期开始，英国和法国已经先后进行工业革命，到 19 世纪初期，两国已经基本完成从工场手工业向机器大工业时代的过渡，经济实力与工业水平迅速增强和提高，其综合国力远超当时的德国；利用工程与技术教育推动工业革新，以此迅速增强综合国力，成为德国发展工程教育的必然选择。

1817 年，时任普鲁士商工局局长的博依特在柏林建立了中央工业学校，并在普鲁士管理的 25 个辖区内建立了约 20 所从事工程教育的地方工业学校。在地方工业学校大发展的基础上，逐渐形成了多所多科技术学校，这些学校是现今德国多所工业大学的前身（日本世界教育史研究会，1984）。与传统大学不同，这些多科技术学校主要培养的是面向私有经济或工业界的工程技术人才，其教育层次也偏重中等教育领域，在组织建设、课程设置、入学条件乃至毕业标准等方面都未形成统一规范。总的来看，当时的多科技术学校在社会上的认可度较低，并未受到政府和企业的高度重视。19 世纪 70 年代以后，各地方的多科技术学校的教育层次逐步由中等教育上升到高等教育，办学规格也逐步升格为工业大学（Technische Universität，TU）。与其他德国传统大学一样，升格后的工业大学获得与其相当的行政和学术权力，具有独立的校长选举权、招生权以及博士学位授予权等。自此，德国的工业大学与德国的传统大学并驾齐驱，工程教育得以繁荣发展。德国工程教育的大发展使得当时德国工业经济实力大大增强，1874 年、1895 年德国的工业生产总值分别超过法国和英国，成为当时欧洲工业经济最为发达的国家。

20 世纪六七十年代，工业经济的急速发展与工业大学培养工程人才短缺之间的矛盾逐渐加剧，工程教育在体制与结构上发生了革命性的变革。20 世纪 60 年代，德国政府制定了一系列促进工程教育发展的政策，一是有效推动工程教育规模的持续扩张，达到 100 多所（王建初、刘鸣东，2005）；二是形成了新的高等教育办学形式——应用技术大学（Fachhochschule，FH）。自此，工业大学和应用技术大学构成了德国高等工程教育领域的主体，成为推动其二战后工业经济恢复与发展的强大引擎。20世纪50~70年代，德国国民经济年均增长率保持着两位数以上的增长速度，创造了世界经济发展史上的奇迹（张翠琴，2008）。

第二节 德国工程教育体系的基本构成

目前，德国工程教育系统主要由工业大学（TU）、应用技术大学（FH）和职业学院（Berufsakademie，BA）三种办学形式构成。以下简要对德国初、中、高等工程教育作梳理与介绍（见表2-1）。初等教育阶段：德国规定年满6岁的儿童必须进入小学（Grundschule）接受初等教育。中等教育阶段：德国各州的工程教育体系略有不同，德国中等教育的办学形式主要分为文理中学（Gymnasium）、实科中学（Realschule）和普通中学（Hauptschule）三种形式；其中文理中学的学生主要以升入工业大学（TU）为未来发展目标，实科中学的学生以升入应用技术大学（FH）或职业学院（BA）为主，而普通中学的学生主要以升入职业学院（BA）为主。除这三种主要形式外，近些年，德国巴伐利亚州、黑森州和巴登—符腾堡州等少部分州还发展出包含三种中学办学模式结合的综合中学（Gesamtschule）。

表2-1 德国工程教育体系基本结构

阶段	学校类型		
初等教育	小学（Grundschule）		
中等教育	文理中学（Gymnasium）	实科中学（Realschule）	普通中学（Hauptschule）
高等教育	工业大学（Technische Universität, TU）	应用技术大学（Fachhochschule, FH）	职业学院（Berufsakademie, BA）

资料来源：根据公开资料整理而成。

在高等教育阶段，文理中学的学生通过入学考试，主要分流到工业大学（TU）学习，毕业后主要成为工程师，侧重研究型；普通中学的学生主要进入职业学院（BA），毕业后成为产业或技术工人；实科中学的学生主要分流到应用技术大学（FH）或职业学院（BA）学习，此外还有少部分学生可以进入工业大学（TU）。进入应用技术大学（FH）学习的学生毕业后，同样以成为工程师为主，但其职责主要是解决工程实践领域的实际问题，侧重实践型。德国的高等教育系统除工业大学（TU）、应用技术大学（FH）和职业学院外（BA），还包括综合性大学（Universitäten）、教育学院（Universities of Education）（主要在巴登—符腾堡州）、艺术与音乐学院（Colleges of Art and Music）、天主教或路德教附属神学院（Philosophical-Theological Colleges），以及少数其他类型的高等教育机构。本书主要探讨德国工程教育领域，所以主要聚焦于工业大学（TU）、应用技术大学（FH）和职业学院（BA）这三种办学形式。总的来看，德国初等、中等以及高等工程教育体系有机衔接、互相配合，形成了独具特色、高度完备的工程教育系统。

一 工业大学

目前，德国大学实施工程教育的机构主要包括两类：一类是18世纪中期工业革命催发而形成的工业大学，如1745年成立的布伦瑞克工业大学、1868年成立的慕尼黑工业大学、1870年成立的亚琛工业大学、1894年成立的伊尔默瑙工业大学等，这是培养研究型工程科技人才的工业大学（见表2-2）。另一类是在中世纪建立的综合性大学中，这些综合性大学在漫长的历史发展过程中也形成了部分理工科专业。从国际上比较著名的QS世界大学排名来看，除一些建校时间比较短的工业大学外，相当部分德国工业大学都进入了全球前500名。

表 2-2　德国部分工业大学一览及 QS 世界大学排名

大学名称	成立时间	QS
布伦瑞克工业大学	1745 年	561-570
弗赖贝格工业大学	1765 年	—
柏林工业大学	1770 年	159
克劳斯塔尔工业大学	1775 年	—
卡尔斯鲁厄理工学院	1825 年	136
德累斯顿工业大学	1828 年	194
克姆尼茨理工大学	1836 年	—
慕尼黑工业大学	1868 年	50
亚琛工业大学	1870 年	165
达姆施塔特工业大学	1877 年	269
伊尔默瑙工业大学	1894 年	—
多特蒙德工业大学	1968 年	801-1000
凯泽斯劳滕工业大学	1970 年	—
汉堡工业大学	1978 年	—
勃兰登堡工业大学	1991 年	—

资料来源：数据引自 QS 网站公布的 2022 年世界大学排名。

与传统大学的培养模式一样，德国工业大学也秉承"精英教育"的历史传统，非常注重培养学生的理论知识以及独立进行科学技术研究的能力。工业大学的整个培养过程十分严格，必修和选修课程设置较多，各种考试难度较大，外加各种工业实践和毕业设计等，一般要经过 10~12 学期才能完成学业；而且在培养过程中，被淘汰学生的比例相当高，达到 20%~30%。此外，德国工业大学培养模式的一个显著特点就是注重理论与实践相结合，学生必须去工业界接受半年以上的实践训练，以获得足够的解决工程实际问题的能力。工业大学的学生毕业后一般被授予 Dipl.-ing. 学位，即大学工程师。在学位制度改革之前，德国并没有学士学位层次，只有硕、博两级学位层次，因此工业大学毕业的学生可以直接申请攻读博士学位。在 2010 年学位制度改革全部完成之后，学生要经过本科、硕士两个阶段的学习后，才可以申请攻读博士学位。

二 应用技术大学

工业经济的快速复苏和发展使得实用型技术工人严重短缺，德国自20世纪70年代初相继组建了慕尼黑应用技术大学、亚琛应用技术大学、埃斯林根应用技术大学等多所应用技术大学，培养社会急需的应用型科技人才。应用技术大学强调，培养既具有一定理论基础，又能够解决工程实际问题的应用型技术人才。为加强应用技术大学的建设，1976年和1985年德国均通过修订法律的方式对应用技术大学的地位予以肯定，即应用技术大学是德国高等教育体系的重要组成部分。经过近半个世纪的发展，应用技术大学的数量已经增长到200多所，占各类高校总数的约40%；在校学生数量更是超过70万人，占各类高校在校生总数的约30%。此外，应用技术大学为工业发展培养了近2/3的工程师。德国的应用技术大学之间非常注重专业设置的差异性和多样性，各院校通过特色优势促进良性竞争与合作共赢。

应用技术大学学制一般为4年，其中1~2年级是基础学习阶段，主要教授的是通识性知识；3~4年级是专业学习阶段，主要教授的是专业性知识。为增强学生实践和应用能力，应用技术大学通常还会用2个学期组织学生去工业企业实习。通过4年的学习，学生一般可以获得Dipl.-ing.（FH）学位，即高专工程师。需要说明的是，德国应用技术大学以培养应用型科技人才为主，所以没有博士学位授予权。2010年，德国学位制度改革完成后，应用技术大学的学位层次改成学士和硕士两级。

三 职业学院

德国职业教育的办学历史最早可追溯到18世纪末期，当时主要以"星期日学校"、夜校或周末学校等零散的形式存在，并未形成系统的职业教育体系。德国现代职业学院出现在20世纪70年代初期的巴登—

符腾堡州。1972 年，该州经济发达的曼海姆和斯图加特建立了培养一线技术工人的职业型院校，1974 年正式定名为职业学院（BA）。[①] 目前，德国在包括巴登—符腾堡州在内的 10 个州建立了 50 所职业学院。德国 75%~80% 的职业院校普遍采用"双元制"教育模式培养技术人才，强调通过学校和企业合作的方式进行教育教学和日常管理。这种"双元"还体现在教学内容、教材、教师队伍、考试以及证书等多个维度。此外，德国职业教育体系根据全国 3 万多个行业或企业的用人需求设置了 340 多个职业教育科目，实现了产业需求与职业教育结构的有效衔接，从而为德国工业经济的发展培养了大批一线产业技术人员。

职业学院的学制一般为 2~3 年，每个学期都是理论学习和实践训练两部分课程，各有三个月时间，交替进行。学生达到毕业所需的学分要求后，再通过国家考试便可以获得 Dipl.-ing.（BA）学位，即职业学院工程师，关于职业教育的学历层次问题曾是悬而未决的难题。1975 年，各州文教部长召开专门会议决定将职业教育纳入高等教育范畴中，强调职业学院是继工业大学、应用技术大学之后的第三种教育机构，是高等教育体系的重要补充。1997 年，德国职业学院的高等教育属性在欧洲国家范围内得到认可。需要指出的是，作为国家工程教育系统的重要组成部分，职业教育有自己特殊的质量保障方式，并未纳入国家统一的专业认证制度体系之中。

[①] 《德国职业教育考察报告》，百度文库，2022-03-22，https://wenku.baidu.com/view/ec64aa32e45c3b3567ec8b86.html。

第三章
以专业认证为核心的德国工程教育
质量保障体系的建立与发展

第一节 欧洲高等教育一体化和《华盛顿协议》及其影响

一 欧洲高等教育一体化建设

(一) 博洛尼亚进程

20世纪末期,德、英、法、意四国教育部长在参加巴黎大学800周年校庆时,提出旨在推进欧洲高等教育一体化建设的初步构想。1999年,为加强欧洲范围内的教育交流与合作,增强欧洲高等教育在全球范围内的影响力,德国、法国等29个欧洲国家的教育部长在意大利博洛尼亚签署了旨在"建立高等教育区"的《博洛尼亚宣言》(*Bologna Declaration*)。该宣言从四个方面对建设欧洲高等教育一体化提出明确目标:一是建立欧洲学分转换体系(European Credit Transfer System,ECTS);二是克服各国间科研人员的流动障碍;三是建立可比较的质量保障框架;四是积极推进全面的教育交流与合作。为建立可比性的、通用的学历互认,欧洲学分转换体系(ECTS)规定全日制学生每年应至少获得60个ECTS学分,其中每个ECTS学分都包括各国根据自身实际情况加以调节的 25~30 学时；授予学士学位应获得 180~240 个 ECTS 学分，授予硕士学位获得 90~120 个 ECTS 学分，博士学位不受该体系影响。

为有效实现《博洛尼亚宣言》的目标，德国、法国等 14 国的工程教育相关协会在 21 世纪初成立的欧洲工程职业和教育常设观察站（European Standing Observatory for the Engineering Profession and Education，ESOEPE）的基础上，于 2006 年正式建立旨在推进欧洲专业认证体系建设的欧洲工程教育认证网络机构（European Network for Accreditation of Engineering Education，ENAEE）。[①] 除全体成员大会外，该机构的常设最高权力机构是行政委员会，行政委员会下设标签委员会、推广委员会和战略规划委员会。截至 2022 年 1 月，ENAEE 共有 18 个正式成员和 8 个预备成员。ESOEPE 曾在 2004 年向欧盟提出旨在推进可比的、互认的工程教育专业认证计划——"欧洲认证工程师"（EURopean-ACcredited Engineer，EUR-ACE）（袁本涛、郑娟，2015）。EUR-ACE 在专业认证中关注知识和理解、工程分析、工程设计、调查、工程实践和可转移技能六个方面的学习产出[②]，各国参照这六个方面制定本国工程教育标准，并对工程教育相关专业进行认证，从而获得在学生毕业证书上加注 EUR-ACE 标签的资格，获得 EUR-ACE 标签的毕业证书在 ENAEE 成员中是通用的。需要说明的是，EUR-ACE 针对的是工程教育的具体专业，而非院校整体；此外，该计划采用的"申请—审核"制，本质上是各国自愿参加，以自下而上的方式开展。

（二）伊拉斯谟世界计划

20 世纪 90 年代中期，欧盟制定了旨在推进欧洲国家各层次的教育交流与合作的苏格拉底计划。该计划通过加强各类教育工作、促进和普及欧盟语言知识、加强教育合作与教学人员流动、鼓励教育实践和教材

[①] ENAEE. About ENAEE, 2022-03-22, http://www.enaee.eu/accredited-engineering-degrees/.

[②] ENAEE. EUR-ACE Framework Standards and Guidelines, 2022-03-22, https://www.enaee.eu/eur-ace-system/standards-and-guidelines/.

创新、促进教育机会均等一系列措施，有效提升了各参与国的教育质量和欧盟整体的教育国际竞争力。

21世纪初期，欧盟委员会进一步提出旨在推进欧洲高等教育交流与合作的伊拉斯谟世界计划，实质上这是苏格拉底计划的进一步拓展和延伸（李正、林凤，2009）。伊拉斯谟世界计划于2004年正式实施。伊拉斯谟世界计划的主要目标在于重塑欧洲在国际高等教育体系的中心地位、提升欧洲各国的高等教育整体质量以及促进跨文化理解与交流等。该计划的主要内容包括：（1）开设至少3个成员联合设立的硕士和博士课程；（2）鼓励欧盟内高校和科研机构与其他国家高校和科研机构开展多种形式的合作与交流；（3）"引进来"和"走出去"相结合，鼓励欧盟国家的科研人员、学生到欧盟以外国家的大学和科研机构学习与交流，反之，通过高额奖学金等形式吸引其他国家的学者和学生到欧盟国家学习与交流；（4）推动欧盟内部与第三方国家的学历互认或质量保障，例如，2008年4月发布的《欧洲终身学习资格框架》（*European Qualification Framework for Lifelong Learning*，EQF）。截至2013年，两期计划已经全部完成。2014年1月，欧盟进一步启动伊拉斯谟+世界计划，即2014~2020年欧盟教育、培训、青年和体育计划。与旧计划相比，伊拉斯谟+世界计划强调通过短期交流项目、战略伙伴与知识联盟、硕博联合学位项目、让·莫奈（Jean Monnet）研究项目等多种类、多层次以及立体项目的形式与非欧盟国家开展多种合作。[①] 总体来看，欧盟积极开展的国际交流与合作项目，有力推进其高等教育在全球范围内保持持续领先，为科技和经济发展源源不断地提供大批高素质、善创新的科技人才。

二 《华盛顿协议》

20世纪80年代末期，美国、英国等6个国家的工程教育组织发起

[①] Publications Office of the European Union. Erasmus + annual report 2020, 2022 - 03 - 22, https://op.europa.eu/en/publication-detail/-/publication/7bda9285 - 5cc4 - 11ec - 91ac - 01aa75ed71a1/language-en.

旨在推进工程类本科学历互认的国际协议——《华盛顿协议》(WA)。该协议旨在通过专业认证制度的建设，推进学历互认，进而促进组织成员工程类从业人员的跨国（境）流动；通过认证标准的实质等效和国际可比，构建全球范围内的工程教育质量保障框架。经过多年发展，《华盛顿协议》(WA)的规模不断扩大，影响力持续增强，已经成为全球范围内认可度最高的工程教育质量保障组织之一（樊一阳、易静怡，2014）。目前，协议成员已增加至28个国家（地区）①，其中包括美国工程与技术认证委员会（ABET）、英国工程理事会（ECUK）、中国科学技术协会（CAST）、南非工程理事会（ECSA）等21个正式成员；智利工程师认证协会（ACREDITA CI）、孟加拉国工程师协会（IEB）、菲律宾技术理事会（PTC）等7个预备成员（见表3-1）。

表3-1 《华盛顿协议》(WA)正式成员和预备成员

序号	国家/地区	成员组织名称	签约时间	性质
1	澳大利亚	澳大利亚工程师协会（Engineers Australia, EA）	1989年	正式成员
2	加拿大	加拿大工程师协会（Engineers Canada, EC）	1989年	
3	爱尔兰	爱尔兰工程师协会（Engineers Ireland, EI）	1989年	
4	新西兰	新西兰工程委员会（Engineering New Zealand, Eng NZ）	1989年	
5	美国	工程与技术认证委员会（Accreditation Board for Engineering and Technology, ABET）	1989年	
6	英国	英国工程理事会（Engineering Council UK, ECUK）	1989年	
7	中国香港	香港工程师协会（Hong Kong Institution of Engineers, HKIE）	1995年	
8	南非	南非工程理事会（Engineering Council South Africa, ECSA）	1999年	

---

① International Engineering Alliance. Signatories, 2022-03-22, http://www.ieagreements.org/accords/washington/signatories/.

续表

序号	国家/地区	成员组织名称	签约时间	性质
9	日本	日本工程教育认证委员会（Japan Accreditation Board for Engineering Education, JABEE）	2005年	正式成员
10	新加坡	新加坡工程师协会（Institution of Engineers Singapore, IES）	2006年	
11	中国台湾	台湾工程教育协会（Institute of Engineering Education Taiwan, IEET）	2007年	
12	韩国	韩国工程教育认证委员会（Accreditation Board for Engineering Education of Korea, ABEEK）	2007年	
13	马来西亚	马来西亚工程师委员会（Board of Engineers Malaysia, BEM）	2009年	
14	土耳其	工程教育认证与评价协会（Association for Evaluation and Accreditation of Engineering Programs, MÜDEK）	2011年	
15	俄罗斯	俄罗斯工程教育协会（Association for Engineering Education Russia, AEER）	2012年	
16	斯里兰卡	斯里兰卡工程师协会（Institution of Engineers Sri Lanka, IESL）	2014年	
17	印度	国家认证委员会（National Board of Accreditation, NBA）	2014年	
18	中国	中国科学技术协会（China Association for Science and Technology, CAST）	2016年	
19	巴基斯坦	巴基斯坦工程理事会（Pakistan Engineering Council, PEC）	2017年	
20	秘鲁	工程与计算机技术质量认证协会（Instituto de Calidad Y Acreditacion de Programas de Computacion, Ingenieria Y Technologia, ICACIT）	2018年	
21	哥斯达黎加	哥斯达黎加工程师与建筑师联合会（Colegio Federado de Ingenieros y de Arquitectos de Costa Rica, CFIA）	2020年	

续表

序号	国家/地区	成员组织名称	签约时间	性质
22	孟加拉国	孟加拉国工程师协会（The Institution of Engineers Bangladesh, IEB）	2016 年	
23	墨西哥	工程教育认证委员会（Consejo de Acreditación de la Enseñanza de la Ingeniería, CACEI）	2016 年	
24	菲律宾	菲律宾技术理事会（Philippine Technological Council, PTC）	2016 年	
25	智利	智利工程师认证协会（Agencia Acreditadora Colegio De Ingenieros De Chile SA, ACREDITA CI）	2018 年	预备成员
26	泰国	泰国工程师委员会（Council of Engineers Thailand, COET）	2019 年	
27	缅甸	缅甸工程理事会（Myanmar Engineering Council, MEngC）	2019 年	
28	印度尼西亚	印度尼西亚工程教育认证委员会（Indonesian Accreditation Board for Engineering Education, IABEE）	2019 年	

资料来源：根据国际工程联盟（IEA）网站的资料整理而成。

《华盛顿协议》（WA）最为显著的特点是"实质等效"和"国际可比"，采用"成果产出"的基本导向。"成果产出"强调以工程类毕业生的基本能力作为衡量质量的标准，并作为工程教育改革和专业认证制度完善的基本依据。毕业生的基本能力标准，借鉴了美国的"EC 2000"准则，具体包括：（1）熟练学习与应用数学、科学和工程技术知识；（2）了解工程及其相关经济、科技和环境等问题；（3）解决复杂工程问题的能力；（4）遵守工程基本伦理和道德；（5）在团队协作中能有效沟通与交流；（6）通过持续/终身学习，促进未来职业发展。从本质上看，《华盛顿协议》（WA）构建了一个基于各国认可的国际工程教育质量保障框架，在该框架下，各国要按照其标准不断推进工程教育教学改革，建立系统的专业认证制度，以此保障工程教育质量，从而推进工程类科技人员的全球交流与合作，达到全球工程质量的整体提升。

三 欧洲高等教育一体化和以《华盛顿协议》为基础的德国高等教育改革

20世纪90年代以来，以博洛尼亚进程和伊拉斯谟世界计划为代表的欧洲高等教育一体化建设与《华盛顿协议》（WA）在全球范围内的广泛传播，给德国传统的以"自律"为核心的高等教育体系带来巨大的冲击。在高等教育国际化大背景下，德国面临着坚守传统与积极改革的深刻矛盾，这严重影响着德国高等教育的国际竞争力和影响力。为此，德国选择以积极的姿态融入欧洲高等教育一体化的建设进程；签约加入《华盛顿协议》（WA），成为其预备成员。总的来看，外部环境的深刻变化是驱使德国高等教育进行系列改革的原始动力。90年代初期，在外部环境影响下，为追求与其他国家实现有效接轨，德国在高等教育领域进行了一系列富有成效的改革，其中最引人关注的是学位制度改革和建立专业认证制度体系。

（一）学位制度改革

德国传统的学位体系只有硕士和博士两个层级，并没有设置学士学位。其中应用技术大学的学制一般为4年，工业大学的学制一般为4~6年。德国大学的学业难度较高，这就使得其淘汰率较高，即便未被淘汰，其实际修业年限一般也需要4.7~6.4年。

为了解决修业年限过长的问题以及与国际较为通行的本科—硕士—博士三级学位体系实现有效接轨，1998年和2002年，德国分别修订高等教育相关法律，在传统学位得以保留的基础上，新设立专业或项目的学位中强制性引入学士—硕士学位体系；同时，为与其他欧洲国家保持一致，2010年全部完成学位制度改革。法案中规定博士、硕士和学士学位的修业年限分别在为3~5年、1~2年以及3~4年，在相同学校、相同专业的本硕连读、本硕博连读修业年限一般不得超过5年和8年。同时，16州文教部长联席会议（KMK）在2005年制定了旨在与新型学位制度相适应的高校毕业资格框架，该框架强调关注学生的入学标准、学习成绩、基本能力、经欧洲学分转换体系（ECTS）转换后的学习量以及社会实践等指标，其相关规定可提升高校毕业资格的可比性、可理解性以及可操作性。总的来看，该框架改变了德国传统的以关注教学内容为核心的质量标准衡量导向，开始转向更加关注以学生的学习产出为质量评价的新标准。

（二）建立专业认证制度体系

为切实贯彻《博洛尼亚宣言》中建立可比性的高等教育保障框架的倡议，20世纪末期，德国16州文教部长联席会议（KMK），提出积极推进德国高等教育质量保障体系建设，建立系统的评估机构、评估标准、评估程序以及专家队伍等。为推进高等教育质量保障体系建设，德国着重进行了教学评估和专业认证两项改革。德国的教学评估改革重点关注学校、教师和学生三个维度，其中学校维度包括管理制度、专业优势与特色、办学条件等；教师维度包括师资队伍建设、教学方式和教学内容等；学生维度包括学习成绩、就业质量等。教学评估包括五个环节：（1）院系自我评估，（2）评估专家现场考查，（3）提交现场考察报告，（4）院系反馈，（5）评估机构提交评估报告并公布评估结果。教学评估一般以5年为一个周期。

德国的高等教育专业认证制度建设始于20世纪末期。1998年，16州文教部长联席会议（KMK）通过高校校长联席会议（HRK）提出关于构建专业认证制度的倡议，决定成立联邦认证委员会（AR）作为全国认证机构的统一管理、审查与评估机构。作为16州文教部长联席会议（KMK）直接管理的机构，联邦认证委员会（AR）是由各州政府、高校、工商业企业、认证机构、专家学者和学生共同组成的，主要负责对全国认证事务的总体组织、协调和管理，以及对各认证机构的资格进行审查、对其认证工作的具体实施进行监督。目前，联邦认证委员会（AR）负责管理和认证的质量保障机构共有11个（见表3-2）。需要说明的是，联邦认证委员会（AR）及其下属的质量保障机构均是欧洲高等教育质量保证协会（ENQA）、国际高等教育质量保证协会

(International Network for Quality Assurance Agencies in Higher Education, INQAAHE) 的成员单位，也正因此德国各质量保障机构的认证结果与认证水平在欧洲乃至世界范围内得到认可。

表 3-2　联邦认证委员会（AR）授权的认证机构

序号	认证机构
1	瑞士认证和质量保证机构（Schweizerische Agentur für Akkreditierung und Qualitätssicherung, AAQ）
2	认证、鉴定和质量保证机构（Das Akkreditierungs-, Certifizierungs-und Qualitätssicherungs-Institut, ACQUIN）
3	健康和社会科学认证机构（Akkreditierungsagentur im Bereich Gesundheit und Soziales, AHPGS）
4	神学相关专业质量保证和认证机构（Agentur für Qualitätssicherung und Akkreditierung kanonischer Studiengänge, AKAST）
5	奥地利质量保证和认证机构（Agentur für Qualitätssicherung und Akkreditierung Austria, AQ）
6	基于专业认证的质量保证机构（Agentur für Qualitätssicherung durch Akkreditierung von Studiengängen, AQAS）
7	工程、信息科学、自然科学和数学专业认证机构（Accreditation Agency for Study Programmes in Engineering, Informatics, Natural Sciences and Mathematics, ASIIN）
8	巴登-符腾堡评价机构（Evaluationsagentur Baden-Württemberg, evalag）
9	国际工商管理认证基金会（Foundation for International Business Administration Accreditation, FIBAA）
10	音乐质量提升认证组织（Music Quality Enhancement, MusiQuE）
11	汉诺威中央评估和认证机构（Zentrale Evaluations-und Akkreditierungsagentur Hannover, ZEvA）

资料来源：Akkreditierungsagenturen, 2022-03-22, https://www.akkreditierungsrat.de/en/accreditation-system/agencies/agencies。

四 德国高等教育专业认证制度改革与变迁的历史制度主义解析

历史制度主义不仅受20世纪50年代中期形成的因果结构观影响，非常注重分析对政治结果产生影响的各要素结构的排列及其相互关系；还借用经济学中"路径依赖"概念，形成以路径依赖为基础的制度变迁理论。从类型来看，制度变迁理论主要把制度变革的模式分为"强制性"和"诱致性"两种。"强制性"强调制度变迁的驱动力是自上而下进行；"诱致性"则强调制度变迁的驱动力是自下而上进行。从发展阶段来看，制度变革的模式可划分为制度正常期和制度断裂期。制度处于正常期时，制度内部的各种要素保持相对稳定，同时制度与外部环境之间也保持很强的均衡性；制度进入断裂期时，制度内的各要素相互冲突、充满矛盾，同时外部环境也发生急速的变革。此时，制度路径依赖的惯性会被中断，各种制度要素相互博弈，进而形成新的制度并加以固化。

基于历史制度主义的分析范式来看德国高等教育的历史变迁过程，欧洲高等教育一体化建设和《华盛顿协议》（WA）的广泛开展等外部因素是推动德国建立外部质量保障体系，特别是专业认证制度的原始驱动力。自中世纪以来，德国高校素有高度自治的历史传统，加之联邦政府和社会公众对高校的认可程度较高，德国高校的办学质量实际上一直是由内部"自律"系统发挥质量保障作用的。但随着全球化时代的到来，高等教育国际化程度日益加深，德国高校身处其中亦不能独善其身。在欧洲高等教育一体化建设中，欧洲工程教育认证网络机构（ENAEE）要求参与国家的认证机构要按照"欧洲认证工程师"（EUR-ACE）的框架标准，制定和实施自己的认证标准和程序，从而获得授权在其认证证书上添加"欧洲认证工程师"（EUR-ACE）标签；在《华盛顿协议》（WA）的开展中，要求各国以"实质等效"和"国际可比"为基础，采用"成果产出"的基本导向，构建起一个基于各国认可的国际工程教育质量保障框架。因此，为有效提高本国工程教育和工程师的全球竞争力，德国通过改革旧的学位制度体系，构建起以工程、信息科学、自然科学和数学专业认证机构（ASIIN）为核心的一整套专业认证制度等外部质量保障体系。

总的来看，在外部因素的冲击下，德国传统的高校自律路径依赖被迫中断，从制度正常期进入断裂期。在制度断裂期，专业认证制度是在政府决策下直接建立的，以16州文教部长联席会议（KMK）为代表的政府群体决定成立联邦认证委员会（AR）作为全国专业认证机构的统一管理、审查与评估机构，其中工程、信息科学、自然科学和数学专业认证机构（ASIIN）便是受其管理的专业性质量保障机构之一。因此，从本质上说，德国推行专业认证制度的改革历程是由政府主导的一场自上而下的"强制性制度变迁"，并且得到了高校群体的高度认可，例如建立专业认证制度是由以高校校长联席会议（HRK）为代表的高校群体率先倡议的；此外，德国超过90%的工业大学和应用技术大学都自愿参与到专业认证工作之中。

第二节 德国工程教育专业认证制度的建立

一 ASIIN 的建立与发展

20世纪末期，在德国最大的工程师团体组织——德国工程师协会（Verein Deutscher Ingenieure，VDI）的倡议下，联邦认证委员会（AR）决定成立全国第一个工程教育类质量保障机构——工程、信息科学、自然科学和数学专业认证机构（ASIIN）。ASIIN是由四类社会团体组成的民间专业性组织：一是科学技术协会以及专业组织协调组，包括德国地球科学工作者协会（BDG）、德国注册测量师协会（BDVI）、德国物理学会（DPG）、德国化学学会（GDCh）等，共计15个；二是商业机构以及伞状社会合作伙伴组织协调组，包括德国化学雇主协会联合会（BAVC）、德国金属加工产业雇主协会（GESAMTMETALL）、德国化学、矿业和能源工人联合会（IG BCE）等，共计7个；三是大学协调组；四是应用技术大学协调组（见表3-3）。

表 3-3 ASIIN 的四类成员

类别	具体成员
科学技术协会以及专业组织协调组	德国地球科学工作者协会（Berufsverband Deutscher Geowissenschaftler，BDG）
	德国注册测量师协会（Bund der Öffentlich bestellten Vermessungsingenieure，BDVI）
	德国物理学会（Deutsche Physikalische Gesellschaft，DPG）
	德国化学学会（Gesellschaft Deutscher Chemiker，GDCh）
	德国信息学会（Gesellschaft für Informatik，GI）
	工程教育知识社会组织（Ingenieur-Pädagogische Wissensgesellschaft，IPW）
	德国过程工程、化学工程和技术化学平台（ProcessNet）
	北德质量监测与认证服务公司（TÜV NORD CERT GmbH）
	化学工业高管协会（Verband Angestellter Akademiker und Leitender Angestellter der Chemischen Industrie，VAA）
	德国生命科学协会（Verband Biologie，Biowissenschaften und Biomedizin in Deutschland，VBIO）
	电气、电子和信息技术协会（Verband der Elektrotechnik Elektronik Informationstechnik，VDE）
	德国工业工程师协会（Verband Deutscher Wirtschaftsingenieure，VWI）
	德国工程师协会（Verein Deutscher Ingenieure，VDI）
	德国工程协会伞状组织（Zentralverband der Ingenieurvereine，ZBI）
	德国工程师协会伞状组织（Zentralverband Deutscher Ingenieure，ZDI）
商业机构以及伞状社会合作伙伴组织协调组	德国化学雇主协会联合会（Bundesarbeitgeberverband Chemie，BAVC）
	德国金属加工产业雇主协会（GESAMTMETALL）
	德国化学、矿业和能源工人联合会（Industriegewerkschaft Bergbau，Chemie，Energie，IG BCE）
	德国金属工人联合会（IG Metall）
	德国化学工业协会（Verband der Chemischen Industrie，VCI）
	德国机械与设备工程协会（Verband Deutscher Maschinen- und Anlagenbau，VDMA）
	德国电气与数字工业协会（Verband der Elektro- und Digitalindustrie，ZVEI）

续表

类别	具体成员
大学协调组	德国工程与信息科学学院理事会（Fakultätentage der Ingenieurwissenschaften und der Informatik an Universitäten，4ING）
应用技术大学协调组	工程与管理学术组织国际理事会（Fakultäten-und Fachbereichstag Wirtschaftsingenieurwesen，FFBT WI）
	高校校长联席会议（HRK）中的应用技术大学协调组（Gruppe der Hochschulen für angewandte Wissenschaften in der Hochschulrektorenkonferenz）
	大学学术部门（系）会议（Konferenz der Fachbereichstage，KFBT）

资料来源：Mitglieder der ASIIN e. V.，2022-03-22，https：//www.asiin.de/en/members.html。

ASIIN 建立之初的基本目标：一是通过专业认证，切实提高工程教育质量；二是提升工程教育质量透明度，有效促进学术和职业流动。ASIIN 主要通过三种途径发挥自身功能：一是为国家或国外高等教育机构提供相关质量服务；二是进行与质量保障和发展主题相关的认证、鉴定、评估以及培训；三是鼓励科学和工业领域的各类非营利活动等。ASIIN 成立后，逐步建立起完善的认证目标、认证标准以及认证程序等，并开展了大量专业认证实践工作。目前 ASIIN 已经认证了 44 个国家（地区）、304 个机构的 5669 个专业。总的来说，ASIIN 的成立对德国工程教育发展具有重要意义，为增强德国工程教育在全球的竞争力做出了卓越贡献。

二 ASIIN 的组织与运行模式

在联邦认证委员会（AR）的指导下，ASIIN 建立了系统、完备的组织体系，其主要由成员大会、理事会、认证委员会、技术委员会以及审查小组构成，其中前两者是 ASIIN 的日常管理机构，后三者是 ASIIN 的认证执行机构。成员大会是 ASIIN 的最高权力机构，负责重大事项的决策，主要由大学协调组、应用技术大学协调组、商业机构以及伞状社会合作伙伴组织协调组、科学技术协会以及专业组织协调组四类组织组成。成员大会下设的 4 个协调组每组派 3 名代表组成理事会，负责

ASIIN 的日常管理工作。理事会下设认证委员会，根据学科再设 14 个技术委员会（见表 3-4）。

表 3-4　ASIIN 下设技术委员会

序号	所在学科领域
1	机械工程/过程工程（Mechanical Engineering/Process Engineering）
2	电气工程/信息技术（Electrical Engineering/Information Technology）
3	土木工程、测量及建筑（Civil Engineering, Geodesy and Architecture）
4	信息学/计算机科学（Informatics/Computer Science）
5	物理技术、材料和工艺（Physical Technologies, Materials and Processes）
6	工程与管理、经济学（Engineering and Management, Economics）
7	商业信息学/信息系统（Business Informatics/Information Systems）
8	农业、营养科学与景观设计（Agriculture, Nutritional Sciences and Landscape Architecture）
9	化学（Chemistry）
10	生命科学（Life Sciences）
11	地球科学（Geosciences）
12	数学（Mathematics）
13	物理学（Physics）
14	医学（Medicine）

资料来源：ASIIN Criteria for the Accreditation of Study Programmes, 2022-03-22, https://www.asiin.de/en/programme-accreditation/quality-criteria.html。

专业认证的工作主要由认证委员会、14 个技术委员会及其下属审查小组负责执行。认证委员会的基本职能主要包括：（1）制定通用认证标准，并监督 14 个技术委员会制定各自学科领域的专业标准；（2）负责审查来自工业大学、应用技术大学、企业以及行业协会的审查员的基本资质及其后续的培训工作；（3）审议技术委员会和审查小组提交的认证考察报告，在高校补充解释的基础上，公布认证结果。技术委员会以及审查小组具体负责本学科领域的专业认证工作。审查小组一般根据认证的实际需要临时组建，每个小组包括来自高校和企业的 4~5 人，主要审阅高校提交的自评报告，并对高校进行 2~3 天的现场考查，此后在与高校进行磋商的基础上撰写完成认证考察报告，递交给技术委员会。

第三节　德国工程教育专业认证制度的系统构成

对于工程教育领域来说，系统论有着无可替代的重要价值与作用。工程教育专业认证制度是由多个子系统和要素组成的复合整体，如认证目标系统、组织机构系统、运行程序系统、认证准则系统等，同时每个子系统下面又含有多个要素。只有各个子系统以及要素之间有效配合、相互协作，才能发挥专业认证制度应用的质量保障作用，从而有效提高工程教育的办学质量。

一　认证目标

（一）建立具有国际可比性的工程教育体系

在欧洲高等教育一体化建设进程中，德国工程教育改革目标就是通过专业认证制度不断推进各专业的教育规格和标准，与其他欧盟国家实现有效衔接，从而建立具有国际可比性的工程教育体系。简单来说，专业认证的首要任务就是推进工程教育领域的不断改革。那么，在改革中，教育质量评价标准是什么？由谁负责制定？又由谁负责具体实施？毫无疑问，这些都是专业认证机构的职责所在，并需要在实践过程中不断完善。从本质来看，专业认证机构在工程教育领域开展的认证工作，是从外部对德国高校的办学质量进行监督的过程。德国教育部的统计数字显示，截至2016年，已经有70%以上的工程类专业进行过首轮专业认证，并获得 ASIIN 标签。需要说明的是，除获得 ASIIN 标签外，部分专业领域还可以获得其他标签，如工程领域的 EUR-ACE 标签，化学领域的 Eurobachelor、Euromaste 标签，计算机和信息技术领域的 Euro-Inf 标签等。

（二）推进工程教育人才培养质量的实质等效

德国的工程教育要想实现国际可比性的目标，首先必须实现培养质量的实质等效，这不仅可以有效提高德国工程教育的透明度，让更多国外留学生选择来德国学习和工作,增强其工程教育的整体吸引力和影响力;更有利于德国工程科技人才走出国门,在国际市场上与其他发达国家的工程类毕业生"一较高下",从而提升德国工程教育的国际认可度。实现培养质量实质等效的有效路径,是一整套包括教学过程、培养计划、毕业要求等内容的标准体系。但德国的工程类专业复杂、多样,显然不能采用"一刀切"的标准来进行认证。因此,德国工程教育专业认证制度构建的首要工作是将庞杂的工程类专业分成14个专业大类,并在此基础上制定通用标准和专业标准。通用标准是所有专业必须达到的最低要求,专业标准则充分考虑各个专业大类的特殊性和多样性。只有制定出完善、系统的标准体系,才能保证认证工作的顺利开展,进而实现培养质量的实质等效。

（三）为建立完善的工程教育质量保障体系奠定基础

传统的德国工程教育外部质量保障,依靠的仅是零散的、周期漫长的州政府教育部门非定期督查。这种临时性督查显然难以起到质量保障的作用,而且也不符合欧洲高等教育一体化建设的要求。因此,建立一个全国性的、制度化的、非营利性的,以及经过各方认可的第三方专业认证机构就成为历史的必然。在此背景下,ASIIN的建立既是德国乃至欧洲工程教育发展的必然要求,也为建立完善的工程教育质量保障体系奠定了基础。ASIIN在构建的过程中,将政府、高校、企业以及行业协会等各利益相关方有效融入其中,各方不但可以在认证过程中充分发表自己的利益诉求,在相互博弈中实现共赢,还可以为工程教育改革群策群力,通力合作,贡献自身智慧。这种通过专业认证建构工程教育的外部质量保障与高校高度自律的内部质量保障协同合作,共同促进工程教育的良性发展。

二 认证标准

德国工程教育认证标准是在充分考虑本国国情的前提下,融入欧洲质量保障认证标准框架而制定的。在认证标准的设计过程中,德国将以培养过程为核心的过程导向和以学位课程为核心的产出导向相结合，其中培养过程强调学生学习、教师教学以及学校管理等全过程；而学位课程则重点考查高校设立课程的理念、内容以及结构等设计是否符合国际标准的基本要求。ASIIN在综合两者的基础上，结合德国工业经济和工程教育发展的实际现状，制定出过程与产出相结合的认证标准。

（一）通用标准

ASIIN制定的通用标准是所有学科专业都要达到的基本标准，具体来说包括五个维度。(1)学位课程：理念、内容和执行；(2)考试：制度、理念和组织；(3)办学基本条件；(4)透明度和文件化；(5)质量管理：质量评估和发展（见表3-5）。同时，ASIIN在认证标准的设计中充分参考了欧洲高等教育质量保证协会（ENQA）制定的欧洲标准和指导线（European Standaras and Guidelines, ESG）的基本要求。需要指出的是，通用标准只是确定了一个较为宽泛的质量标准框架，各技术委员会可在此基础上根据实际情况制定本学科相关的专业标准。

表3-5 ASIIN制定的通用标准

维度	具体标准	对应的欧洲标准和指导线
1. 学位课程：理念、内容和执行	1.1 课程目标和学习结果	ESG 1.2 ESG 1.3 ESG 1.7 ESG 1.8 ESG 1.9
	1.2 课程名称	
	1.3 课程设计	ESG 1.2 ESG 1.3
	1.4 入学条件	ESG 1.4
	1.5 课时量和学分	ESG 1.4
	1.5 教学方法	
2. 考试：制度、理念和组织	—	ESG 1.2 ESG 1.3 ESG 1.4

续表

维度	具体标准	对应的"欧洲标准和指导线"
3. 办学基本条件	3.1 教师队伍构成与教师发展	ESG 1.5
	3.2 资金与设备	ESG 1.6
4. 透明度和文件化	4.1 模块描述	ESG 1.7 ESG 1.8
	4.2 文凭与文凭补充	ESG 1.4
	4.3 相关规章制度	ESG 1.4 ESG 1.7
5. 质量管理：质量评估和发展	—	ESG 1.1 ESG 1.2 ESG 1.9 ESG 1.10

资料来源：ASIIN. Criteria for the Accreditation of Degree Programmes, 2022-03-22, https://www.asiin.de/files/content/kriterien/0.3_Criteria_for_the_Accreditation_of_Degree_Programmes_2021-12-07.pdf。

（二）专业标准（本科）

目前，德国工程教育认证标准分为通用标准和专业标准，通用标准是所有专业必须达到的基本标准或最低标准，而专业标准则是各专业类别必须达到的标准。ASIIN 充分考虑到不同学科之间的差异，各学科的技术委员会都根据自己学科的实际情况制定了专业标准。各学科的专业标准差距比较大，以下主要选择以德国学生人数占比较高的机械工程学科的专业标准为例，进行深入分析。

机械工程学科学士层级的专业标准包括六个维度：知识与理解、工程设计、工程分析、调查与评估、工程实践、可迁移技能。[①] 此外，机械工程学科的专业标准充分考虑到实践导向和理论导向在学士层级培养

---

① ASSIN. Mechanical Engineering and Process Engineering, 2022-03-22, https://www.asiin.de/files/content/kriterien/ASIIN_SSC_01_Mechanical_Engineering_Process_Engineering_2011-12-09.pdf.

方向上的不同，制定了近似又有差异的认证标准（见表 3-6）。

表 3-6　机械工程学科学士层级的专业标准

维度	实践导向	理论导向
知识与理解	（1）在数学、科学和工程方面获得广泛和良好的知识，使他们能够理解机械工程所特有的复杂现象； （2）对涉及工程科学的多学科知识有更加广泛的了解	（1）在数学、科学和工程方面获得广泛和良好的知识，使他们能够理解机械工程所特有的复杂现象； （2）对涉及工程科学的多学科知识有更加广泛的了解
工程设计	（1）能够根据其知识状况对机械、设备、电子数据处理程序或工艺进行设计，并根据具体要求进行开发； （2）对设计方法有一定的理解，并有能力运用它们	（1）能够根据其知识和理解状况对复杂机械、设备、电子数据处理程序或工艺进行设计； （2）对设计方法和应用能力有更深入的理解
工程分析	（1）根据已建立的科学方法，识别、制定和解决机械工程的特有问题； （2）根据科学事实分析和评估其学科中使用的产品、过程和方法； （3）选择合适的分析、建模、模拟和优化方法，并熟练应用它们	（1）以基本原理为导向，识别、表述和整体解决机械工程特有的复杂问题； （2）基于科学事实深入分析和评估使用的产品、过程和方法； （3）选择、应用和（进一步）开发合适的分析、建模、模拟和优化方法
调查与评估	（1）根据知识和理解状况，进行文献研究，利用数据库和其他信息来源开展工作； （2）根据知识和理解状况，制定和实施相应的实验，对数据进行解释并得出适当的结论	
工程实践	（1）在经济、生态和安全要求以及可持续性和环境兼容性的限制下，能够将工程和自然科学的新发现转移到工业和商业生产； （2）能够计划、控制和监控过程，开发、操作系统和设备； （3）能够独立巩固所获得的知识； （4）认识工程活动的非技术影响	（1）将理论与实践相结合，以分析和解决工程科学特有的问题为目标，以方法和基础为导向； （2）了解适用的技术和方法及其局限； （3）在经济、生态和安全要求以及可持续性和环境兼容性的限制下，负责任地应用并独立地巩固在不同领域学到的知识； （4）认识工程活动的非技术影响

续表

维度	实践导向	理论导向
可迁移技能	(1) 作为个人或团队成员都能有效发挥作用，包括团队的相关协调； (2) 运用多种方法与工程界和社会有效沟通； (3) 了解健康、安全和法律方面的知识，以及在社会和环境方面工程实践的责任和工程解决方案可能造成的影响，致力于在工程实践中践行职业道德、责任和规范； (4) 展示项目管理和业务实践的意识，如风险和变更管理，并理解它们的局限性； (5) 认识到需要并有能力进行独立的终生学习； (6) 在国内和国际环境中工作与交流	

资料来源：根据公开资料整理而成。

此外，为了保证认证标准有效实现，专业标准设计中还对学士层级的能力要求与配套课程进行详细规定，其包括三方面的能力：学科相关的能力、可迁移的能力、工作方法论能力。每个方面的能力又包括几个具体衡量指标：学科相关的能力，包括适用于工程的数学和自然科学知识、工程子学科的先进知识与方法能力、将工程方法能力应用于特定的机器和设备、工程学科专业知识的获取与提高；可迁移的能力，包括评估技术产品和项目的能力、在国内和国际团队工作的能力；工作方法论能力，包括能独立完成工程中的科学任务和工作成果的知识与技能、在专业环境中自主处理实际工程任务的能力。每个衡量指标都配有一系列示范性课程（见表3-7）。

表3-7 机械工程本科能力要求与示范性课程

能力要求	衡量指标	示范性课程
学科相关的能力	适用于工程的数学和自然科学知识	数学和自然科学基础课程：数学、物理、计算机科学
	工程子学科的先进知识与方法能力	工程基础课程：技术力学、机械动力学、振动理论、流体力学、技术热力学（包括热和材料传递）、电气工程和电子学、材料科学、测量和控制工程
	将工程方法能力应用于特定的机器和设备	工程应用课程：机械工程、建筑/产品开发、制造/生产技术
	工程学科专业知识的获取与提高	高级学科/重点学科：以基础或应用为导向的选修课

续表

能力要求	衡量指标	示范性课程
可迁移的能力	评估技术产品和项目的能力	跨学科内容：经济学、非技术选修课（如果没有整合在课程中）
	在国内和国际团队工作的能力	自我/时间/项目管理、团队发展、沟通、语言等课程（如果没有整合在课程中）
工作方法论能力	能独立完成工程中的科学任务和工作成果的知识与技能	研究项目、学士学位论文
	在专业环境中自主处理实际工程任务的能力	实训、专业培训

资料来源：根据公开资料整理而成。

（三）专业标准（硕士）

机械工程学科硕士层级的专业标准维度与本科一致，包括六个维度：知识与理解、工程设计、工程分析、调查与评估、工程实践、可迁移技能。机械工程学科硕士层级的专业标准同样充分考虑到实践导向和理论导向在硕士层级培养方向上的不同，制定了近似又有差异的认证标准（见表3-8）。为了保证认证标准有效实现，专业认证标准设计中同样还对两类导向的能力要求与配套课程进行详细规定，以理论导向为例，包括三方面的能力：学科相关的能力、可迁移的能力、工作方法论能力。每个方面的能力又包括几个具体衡量指标：学科相关的能力，包括数学、科学和工程方面的用于解决复杂任务的高级知识，分析、综合产品和系统的工程知识、技能和方法的能力，提高或拓宽工程科学主题具体知识和能力的方法；可迁移的能力，包括判断和评估如何处理工程问题的能力，能够在国家和国际团队中自信地工作和沟通；工作方法论能力，包括具有运用科学工程方法自主研发任务的知识和能力、记录这些任务并提交工作成果，在研究领域内实际完成工程任务的能力。同时，每个衡量指标都配有一系列示范性课程（见表3-9）。

表 3-8　机械工程学科硕士层级的专业标准

维度	实践导向	理论导向
知识与理解	（1）巩固机械工程中数学、科学和工程原理的知识，深化专业实践性知识； （2）对学科中的最新发现，予以批判性认识	（1）广泛掌握机械工程中数学、科学和工程原理知识； （2）对自身学科的最新发现，予以批判性认识
工程设计	（1）兼顾其他学科，开发实践导向和部分异常问题的解决方案； （2）利用自身的创造力，开发新的、创造性的实用解决方案； （3）运用自身的科学判断能力，处理复杂、技术不完全或不完整的信息	（1）在广泛考虑其他学科的情况下，为理论导向和部分不寻常的问题制定概念与解决办法； （2）利用自身的创造力开发新的、创造性的产品、过程和方法； （3）运用自身的科学判断能力，处理复杂、技术不完全或不完整的信息
工程分析	（1）科学分析和解决异常的或定义不完整的复杂工程问题，并写出详细说明； （2）构思解决在新兴的学科领域产生的实践导向问题； （3）运用创新的方法解决实践导向的问题	（1）科学分析和解决异常的或定义不完整的复杂工程问题，并写出详细说明； （2）抽象和构思解决在新兴的学科领域产生的复杂问题； （3）运用创新方法解决基础问题，开发新的科学方法
调查与评估	（1）识别、发现和获取必要的信息； （2）计划和实施分析模型与实验调查； （3）批判性地评估数据并得出结论； （4）调查和评估新兴技术在学科中的应用	
工程实践	（1）结合不同领域的知识，快速处理复杂性问题； （2）快速、有条不紊地系统熟悉新的和未知的事物； （3）根据学到的知识评估适用的技术并评估其局限性； （4）系统地认识到工程活动的非技术性影响，并以负责任的方式将它们纳入其行动中	（1）分类和系统地结合不同领域的知识，并处理复杂性问题； （2）快速、有条不紊地系统熟悉新的和未知的事物； （3）评估适用方法及其局限性； （4）系统地反映工程活动的非技术性影响，并以负责任的方式将它们整合到其行动中
可迁移技能	（1）满足本科阶段所要求的所有可迁移技能； （2）有效发挥作为团队领导者的作用，该团队可能由不同的学科和学历背景的人员组成； （3）在国内和国际环境中有效地工作和沟通	

资料来源：根据公开资料整理而成。

表 3-9　机械工程硕士能力要求与示范性课程（理论导向）

能力要求	衡量指标	示范性课程
学科相关的能力	数学、科学和工程方面的用于解决复杂任务的高级知识	高深的数学、科学与工程：数学方法、高等力学、传热传质、技术计算机科学、高等建筑理论、技术物理
	分析、综合产品和系统的工程知识、技能和方法的能力	高深的工程应用：机械理论、生产技术、能源技术、工艺技术、装卸技术、材料科学、实验室实践
	提高或拓宽工程科学主题具体知识和能力的方法	高级学科/重点学科：基础选修课
可迁移的能力	判断和评估如何处理工程问题的能力	跨学科内容：经济学科目、非技术选修科目（如果没有整合在课程中）
	能够在国家和国际团队中自信地工作和沟通	项目管理，团队发展，领导和促进，沟通，语言（如果没有整合在课程中）
工作方法论能力	具有运用科学工程方法自主研发任务的知识和能力、记录这些任务并提交工作成果	科学项目、硕士论文
	在研究领域内实际完成工程任务的能力	工程实践：专业实习（如果没有整合在课程中）

资料来源：根据公开资料整理而成。

（四）特点和比较

通过具体分析来看，德国工程教育认证标准的整体设计主要呈现以下特点。第一，德国的工程教育认证标准分为通用和专业两种标准、学士和硕士两个层级要求，同时达到两个标准和两个层级要求才能通过 ASIIN 的认证，并在毕业证书上加注经 ASIIN 授权的相关标签。第二，各专业技术委员会制定的专业标准各具特色，有着本质性的差异，说明德国各技术委员会专业标准的制定充分考虑到本专业的学科特点和实际发展情况。第三，大部分学科的学士、硕士层级的专业标准设计是一致的，但两者要求的知识结构和能力素质却很有逻辑性，硕士层级的专业标准实际上是学士层级标准在各个维度上的延伸，这很大程度考虑到知识的连贯性和层次性。第四，为有效促进专业标准目标的实现，德国各专业技术委员会还制定了一整套与专业标准相适应的能力要求与示范性课程。第五，德国专业标准的设计还充分考虑到实践导向和理论导向在学士层级和硕士层级培养方向上的不同，制定了近似又有差异的专业标准（见表3-10）。

表3-10 部分学科学士层级与硕士层级专业标准比较

学科	本科层级	硕士层级
电气工程/信息技术	(1) 知识与理解 (2) 工程分析 (3) 工程设计 (4) 工程实践与产品开发 (5) 可迁移能力	(1) 知识与理解 (2) 工程分析 (3) 工程设计 (4) 调查与评价 (5) 工程实践与产品开发 (6) 可迁移能力
信息学/计算机科学	(1) 形式、算法、数学能力 (2) 分析、设计实施和项目管理能力 (3) 技术性能力 (4) 方法论和可迁移技能 (5) 跨学科能力 (6) 社会化能力和自我能力	(1) 形式、算法、数学能力 (2) 分析、设计实施和项目管理能力 (3) 技术性能力 (4) 方法论和可迁移技能 (5) 跨学科能力 (6) 社会化能力和自我能力
物理技术、材料和工艺	(1) 知识与理解 (2) 分析与方法论 (3) 开发 (4) 研究与评价 (5) 应用 (6) 多学科能力	(1) 知识与理解 (2) 分析与方法论 (3) 开发 (4) 研究与评价 (5) 应用 (6) 多学科能力
化学	(1) 专业化能力 (2) 社会化能力	(1) 专业化能力 (2) 社会化能力
工程与管理、经济学	(1) 知识 (2) 技能 (3) 胜任力	(1) 知识 (2) 技能 (3) 胜任力
农业、营养科学与景观设计	(1) 知识与理解 (2) 工程分析 (3) 调查 (4) 工程实践 (5) 社会化能力	(1) 知识与理解 (2) 工程分析 (3) 调查 (4) 工程设计 (5) 工程实践 (6) 社会化能力

续表

学科	本科层级	硕士层级
生命科学	（1）专业化能力 （2）社会化能力	（1）专业化能力 （2）社会化能力
地球科学	（1）潜在的基础能力 （2）分析、设计和实施 （3）技术、方法和可迁移能力 （4）其他专业化能力	（1）潜在的基础能力 （2）分析、设计和实施 （3）技术、方法和可迁移能力 （4）其他专业化能力

资料来源：根据公开资料整理而成。

三 认证程序

德国的专业认证制度有着明确、规范的程序。ASIIN制定了认证程序的基本目标，具体包括四个方面。一是定制解决方案：每个ASIIN认证的高校都将收到解决方案，将内部质量与外部质量保障的措施有效结合起来；二是自由选择：在达到基本标准的前提下，每个ASIIN认证的高校都能自由选择想要获得的标签；三是程序效率：以最小的付出得到最合理的内外部成本；四是透明性与公正性：各学科的质量标准透明，授予标签与否完全取决于相关标准。总的来看，ASIIN致力于推行可操作性的认证程序，以有效提高其在国内和国际上的认可程度。

具体来看，德国工程教育专业认证制度的认证程序包括五个阶段。一是预备与申请阶段，大学需通过电子邮件的方式向ASIIN办公室提交申请表。二是自我评估报告和初步检查，大学需根据指南/模板准备一份自我评估报告，在自我评估报告最终提交之前，ASIIN会进行初审，以保证报告的完整性。三是现场/线上考查的准备与执行，ASIIN根据技术委员会的建议组建审查小组，与大学协作制订计划后，进行现场/线上考查。四是现场/线上考查报告的起草。考查结束后，由审查小组负责起草现场/线上考查报告，在此过程中，大学有充分发表意见的权力。五是发布最终结论。在大学发表意见后，审查小组向技术委员会和认证委员会提交现场/线上考查报告，认证委员会做出最终决定后，大学将收到最终的现场/线上考查报告和认证结论通知。从过程环节的详细步骤来看，在 ASIIN 内部，ASIIN 办公室、审查小组、技术委员会与认证委员会各司其职，各负其责，有效提升了专业认证的工作效率；在外部，ASIIN 与高校密切合作，有效沟通，确保了专业认证的顺利实施。需要说明的是，认证结论若为"延缓通过"，则需要在 18 个月后重新进行认证；如果再不通过，则建议取消办学资格，当然学校也有权选择放弃认证。认证结论的有效期为 5 年，5 年之后，高校需再次进行认证。

第四节　专业认证制度构建中利益相关者的角色解析

从利益相关者的视角来看，德国在专业认证制度构建中有四类利益相关者群体：一是政府群体，以联邦政府、州政府、联邦教育与研究部（Bundesministerium für Bildung und Forschung，BMBF）、16 州文教部长联席会议（KMK）等为代表；二是高校群体，以工业大学（TU）、应用技术大学（FH）等为代表；三是企业群体；四是行业协会群体，以德国工程师协会（VDI）为代表。从多重制度逻辑的分析范式来看，四类群体的行为动机和利益博弈，深深植根于德国的政治体制、社会经济以及历史文化传统之中。

一　政府群体：发起者和引领者

作为规范与协调高等教育发展的重要机构，政府群体对高校发展的作用主要体现在三个维度：一是联邦政府的间接宏观调控，例如联邦教育与研究部（BMBF）制定高等教育发展宏观政策或研究计划，并提供相应的配套资金；二是各州政府，特别是通过 16 州文教部长联席会议（KMK）对各州高等教育的直接管理和影响；三是高校自身所带有"政府"属性，德国高校的主体都是公立学校，例如，慕尼黑工业大学、亚琛工业大学等著名工业大学都属于公立大学，而且教师群体大都是国家终身公务员。经过长期演变，德国打破了权力高度归于中央的管理体制，联邦制成为其重要政体特征之一，即联邦和各州实行分权，各州拥有独立立法、财政税收以及教育改革的权力。因此，以16州文教部长联席会议（KMK）为代表的州政府在德国高校发展中发挥着重要作用，具体表现在宏观方面的教育政策/立法、财政拨款，微观方面的校长任命、学科/专业设置等。

在专业认证制度构建过程中，以联邦政府、16州文教部长联席会议（KMK）为代表的州政府发挥的作用至关重要。联邦政府分别于1998年和2002年对高等教育相关法律进行了两次修订，强调在传统学位得以保留的基础上，新设立专业或项目的学位中强制性引入学士—硕士学位制度体系，这为专业认证制度的建立奠定了重要基础。16州文教部长联席会议（KMK）批准了来自高校校长联席会议（HRK）的倡议，建立了全国认证机构的统一管理、审查与评估机构，即联邦认证委员会（AR），由其负责直接管理ASIIN等认证机构的工作。联邦认证委员会（AR）中1/4的成员直接由政府人员担任，政府可以通过联邦认证委员会（AR）对ASIIN施加影响。自ASIIN成立以来，政府群体并未直接参与机构的组织管理和专业认证工作。总的来看，政府群体在德国专业认证制度构建中扮演着发起者和引领者的角色。

二　高校群体：直接参与者和推动者

自中世纪以来，德国高校就有着高度自治的历史传统。19世纪初，洪堡提倡的以学术独立与教学自由为核心的大学改革实际上又在一定程度上强化了这种传统。在这一传统下，高校享受高度的自治权力，特别是教授群体掌握着对科学研究、教育教学乃至学校管理等方面的决策权。长期以来，德国又是一个政府权力高度集中的国家，这就难免造成高校学术和政府行政权力的冲突。因此，作为政府与高校权力冲突之间的缓冲中介组织，高校校长联席会议（HRK）应运而生。高校校长联席会议（HRK）成立于 1990 年，目前有 268 所高校成员机构，具体包括 84 所综合性大学/工业大学、118 所应用技术大学、6 所巴登—符腾堡州教育大学、45 艺术学院、9 所神学学校和教会机构以及 6 所其他类型的高等教育机构。① 高校校长联席会议（HRK）拥有高校数量众多、类型多样，能够代表各州所有高校的共同利益。因此，其在德国高校群体中具有较高的权威性与代表性。高校校长联席会议（HRK）的主要职能有三个：一是与联邦政府和州政府进行政治或行政对话，讨论高等教育政策制定与执行；二是制定高等教育系统需要遵守的长期规范与标准；三是向高等教育机构提供国际化课程和教学等方面的服务。从本质看，作为高校之间的松散联盟，高校校长联席会议（HRK）不仅发挥着高校与政府之间的缓冲器功能，而且为高校与工业界、社会公众的沟通建立起一套行之有效的长远机制。

在专业认证制度构建过程中，高校校长联席会议（HRK）发挥的作用同样至关重要，联邦认证委员会（AR）是在其倡议下成立的，该委员会中的高校席位需要由高校校长联席会议（HRK）任命才能生效。在 ASIIN 内部，高校群体占据着成员大会及其理事会 1/2 的席位，在认证委员会和 14 个技术委员会中占据着 2/3 的席位。因此高校不仅能够在 ASIIN 的日常管理中发挥重要影响，还在认证工作的具体实施中占据着绝对主导地位。从认证程序来看，认证是建立在高校自愿参加基础上的，认证过程中需要高校与 ASIIN 相互配合与协作，认证考察报告要经过高校审议确认无误后才可以提交到 ASIIN。总的来看，高校群体在德国专业认证制度的构建中扮演着直接参与者和推动者的角色。

三　企业群体：直接参与者和支持者

相较于英、法等欧洲国家，德国的工业化起步较晚。18 世纪以及 19 世纪前期，德国大学的科学研究与工业生产几乎是脱节的。19 世纪

---

① Hochschulrektorenkonferenz. Gremien, 2022-03-22, https://www.hrk.de/hrk/aufgaben-und-struktur/gremien/.

中期，德国提出"科学研究与工业实践"相结合的方针，大力推进应用科学的发展。时至今日，德国已成为高度发达的工业强国，拥有奔驰、宝马、拜耳、西门子、汉高等国际知名品牌超过 2000 个。德国工业经济的高度发达离不开与高校的密切合作。20 世纪 70 年代初期以来，德国更是相继成立慕尼黑应用技术大学、亚琛应用技术大学等 200 多所应用技术大学，开设了大量实践性、应用性的学科专业与课程体系，培养了大量社会经济发展亟须的各类应用型人才。经过近半个世纪的发展，德国企业与高校的联系愈加紧密，合作愈加多样，其合作方式主要有四种：一是工程类专业的教职聘任一般要求有 5 年以上的工程实践经验，以便教师能够了解行业的发展动态和前沿技术；二是工业大学和应用技术大学的学生要想获得学士学位，都要到企业进行半年以上的工业实践；三是企业的工程师到高校担任兼职教师；四是高校和企业联合开展多种形式的科学研究或应用研究项目。同时，伴随着绿色科技革命的深入开展，德国政府、高校和企业共同提出应对智能化生产模式的"工业 4.0 战略"，这必然要求企业进一步加强与高校的全面战略合作，力求在新一轮工业革命中脱颖而出。

德国工业经济的长远发展需要高校源源不断地输送人才，而人才培养质量又必然受到企业的高度关注。在联邦认证委员会（AR）中，企业占据着 1/4 的席位，可以在高等教育质量保障政策制定和宏观管理中有效反映自己的诉求。在 ASIIN 内部，企业同样占据着成员大会 1/4 的席位，可以对专业认证的重大事项决策发挥重要影响；在认证委员会和 14 个技术委员会中，企业占据着 1/3 的席位，可以有效参与各学科认证标准的制定以及认证工作的具体实施。此外，企业还为 ASIIN 的日常运行提供相当数量的资金支持，以保障认证工作的顺利开展。总的来看，企业在德国专业认证制度的构建过程中扮演着直接参与者和支持者的角色。

四　行业协会群体：辅助者和协调者

德国的行业协会组织历史悠久，最早可以追溯 16~17 世纪（刘跃斌，1998），现已形成遍布各州、各工商业生产部门的发达网络，其主要可以分为三类：一是工业联合会，由约 40 家行业协会组成，如德国汽车工业协会（Verband der Automobilindustrie, VDA）；二是雇主协会，德国有 1000 个多种形式的雇主协会，如德国雇主协会联合会（Bundesvereinigung der Deutschen Arbeitgeberverbände, BDA）等；三是工商会，由约 80 家工商会组成，如德国工商联合会（Deutsche Industrie und Handelskammer, DIHK）。总的来看，行业协会作为政府、高校、企业进行相互沟通与合作的有效模式，其职能十分广泛。首先，为政府决策、企业发展提供信息分析和战略咨询服务。其次，协调各职业、行业之间的利益冲突，协调与政府、高校之间的关系，特别是与高校开展形式多样的战略合作。再次，提供职业培训与进修服务，为企业从业人员提供知识更新的机会，促进其职业发展。最后，各种形式的行业协会在维护社会经济发展稳定中也起着重要的调节器作用。

在工程教育质量保障领域，发挥作用最大的是 1856 年成立的德国工程师协会（VDI）。作为全国最大的工程师联合组织，德国工程师协会（VDI）有大约 12000 名来自科学、工业和公共事务管理领域的专家，有超过 15000 名从事科学研究和工程师行业的会员。目前，德国工程师协会（VDI）已成为德国乃至欧洲重要的行业协会组织之一。德国工程师协会（VDI）主要通过执行委员会下设地区性咨询理事会、科学咨询理事会、专业事务咨询理事会以及财政咨询理事会等机构负责协会的具体事务，其职能主要包括：（1）促进工程师职业与工业经济发展有效衔接，为德国工业经济发展源源不断培养大量高质量的工程师；（2）为工程师提供职业培训，以促进其职业发展；（3）与高校或科研机构开展多种形式的合作与交流。

在专业认证制度构建过程中，行业协会并未在其中直接发挥重要影响。ASIIN 的前身就是在德国工程师协会（VDI）的大力倡议下成立的，成立之初，德国工程师协会（VDI）给予了大量技术标准制定、认证制度设计等方面的支持。此外，德国工程师协会（VDI）也是改革旧的学位制度，引进新学位制度体系的大力倡导者之一。但在 ASIIN 内部，行业协会并没有参与具体的认证实施工作。行业协会在专业认证方面发挥的作用较弱，这不仅与德国长期的历史传统有关，也与其基本职能密不可分。总的来看，行业协会在德国认证制度的构建中扮演着辅助者和协调者的角色。

基于利益相关者的视角分析来看，与德国专业认证制度相关的四类群体有着明确的分工和职责，分别扮演着不同的角色。政府群体发起者和引领者角色作用的发挥主要通过高等教育政策与法律文件；高校群体和企业作为专业认证的最核心群体，其直接参与者角色作用的发挥主要通过直接参与专业认证制度构建和具体专业认证实施；行业协会群体的协调者和辅助者作用的发挥主要通过给予专业认证以辅助性的技术支持，同时在相当程度上起到中介组织的协调作用。

五 多重制度逻辑视野下三种制度逻辑的利益博弈与系统均衡

从制度逻辑的分析范式来看，与现代社会组织一样，工程教育系统同样是一个多元、复杂的"社会系统"，呈现出办学目标多元、组织规则松散、运行机制无序、教学内容与方式分化、教师自由度较高等特征。因此，运用多重制度逻辑分析德国专业认证制度的历史变迁具有很强的合理性和适切性。在多重制度逻辑理论假设下，分析德国工程教育专业认证制度需对以下三点做出认定与厘清。第一，工程教育相关制度历史变迁中各制度逻辑要素的分类要符合社会发展的历史与现实，这是多重制度逻辑运用的先决条件。通过克拉克提出的国家、市场和学术三角协调模型，本书认为在德国专业认证制度构建中，存在以联邦政府或州政府为代表的政治逻辑、以工业大学或应用技术大学为代表的学术逻辑、以企业或行业协会为代表的市场逻辑。第二，工程教育制度变迁是多种制度逻辑要素相互博弈或妥协而成的。在稳定的社会环境中，单一制度逻辑要素并不能主导专业认证制度的历史变迁，而是政府、高校、企业和行业协会所有制度逻辑要素经过长期的博弈最终形成的。第三，制度逻辑在宏观的专业认证制度中与微观的政府、高校、企业、行业协会等具体的社会行动者之间建立起有效沟通的运行机制。在专业认证制度构建过程中，通过对制度系统的整体分析，可以有效预测各社会行动者的行为逻辑及其背后的利益诉求。

基于多重制度逻辑的分析范式来看，长期以来，德国是一个政府的行政权力和高校的学术权力都比较高的国家。在发达国家普遍加强大学干预的背景下，德国政府同样对高校加强管理与控制，这难免造成以控制为特征的政治逻辑与以高校自治和学术自由为核心的学术逻辑产生冲突。同时，在学术资本主义日益增强的背景下，高校日益奉行"达尔文式"的竞争规则，必须为获取更多的外部资源而努力"奋斗"，高校在整体发展战略、学科结构调整、教师绩效管理以及多种质量评估等方面不断进行改革，一定程度上都是学术逻辑对市场逻辑的不断调整与适应。总的来看，作为工程教育外部质量保障的核心方式，德国专业认证制度的构建，一定程度上也是市场逻辑、政治逻辑对学术逻辑施加影响的结果，这就难免造成德国高校奉行的以高度自治为核心的学术逻辑、以控制为核心的政治逻辑、以利益为核心的市场逻辑三者之间的冲突与矛盾。

但在政治逻辑、学术逻辑以及市场逻辑内部，德国却通过成立16州文教部长联席会议（KMK）、联邦认证委员会（AR）、高校校长联席会议（HRK）以及以德国工程师协会（VDI）为代表的行业协会等多种中介组织很好地协调了三种逻辑之间的矛盾与冲突（见图3-1）。多种中介组织发挥的作用主要体现在三个方面：一是战略决策与咨询功能；二是监督、协调、组织与沟通功能；三是信息统计与服务功能。具体来说，在以联邦政府、州政府为代表的政治逻辑内部，16州文教部长联席会议（KMK）在协调整个德国高等教育改革与发展中发挥了重要作用，是专业认证制度构建的决策者，并通过联邦认证委员会（AR）进行专业认证制度的具体构建与实施；作为16州文教部长联席会议（KMK）的下属机构，联邦认证委员会（AR）由政府、高校和企业共同组成，是负责全国认证机构的统一管理、审查与评估机构，ASIIN便是其管理的专业认证机构之一。在市场逻辑内部，以德国工程师协会（VDI）为代表的众多行业协会代表着企业共同利益，企业通过多种形式、类别的行业协会反映自身的利益诉求，维护自身的共同利益；同时，为专业认证提供各种资源、资金和人员支持。在学术逻辑内部，高校校长联席会议（HRK）发挥了巨大作用，是维护高校利益的有机共同体，其利益协调作用的发挥主要有三种方式：一是与联邦政府或州政府，以及企业就公共议题或高等教育改革展开对话；二是与联邦政府或州政府、企业、专业人士、社会公众等共同制定各方均可接受的高等教育系统基本原则和标准；三是为各高等教育机构、企业、政府、社会公众提供信息咨询或公共服务。

总的来看，16州文教部长联席会议（KMK）、联邦认证委员会（AR）、高校校长联席会议（HRK）以及以德国工程师协会（VDI）为代表的多种行业协会等中介机构很大程度上发挥了缓冲器的作用，协调了政治、学术以及市场逻辑的关系，有效缓解了三者之间的冲突与矛盾，最终逐步实现了德国专业认证制度的系统均衡，有效促进了专业认证制度在工程教育质量保障中发挥作用。

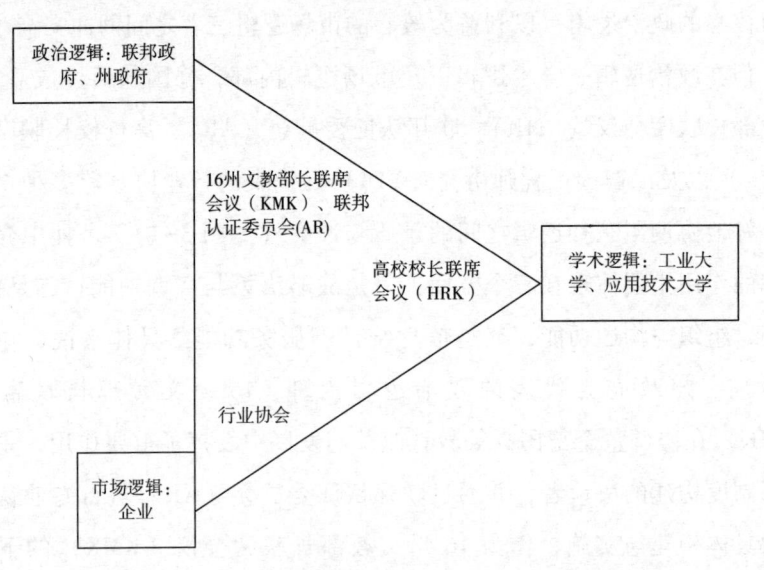

图 3-1　多重制度逻辑下的利益博弈与均衡系统
资料来源：根据公开资料整理而成。

第五节　德国退出《华盛顿协议》的解析

21世纪初，德国加入《华盛顿协议》（WA），对其现有工程教育体系进行相当程度的革新，并建立一套完善的专业认证制度体系来保障工程教育质量。但这也引起高度自治的高校群体的各种质疑，批评现有的工程教育改革导向过度追求国际接轨之"兼容"而失去历史传统之"特色"。因此，德国在实际专业认证制度改革中并没有完全严格按照《华盛顿协议》（WA）制定的认证标准来构建本国的工程教育专业认证制度体系，而是相当程度上保留了自身的传统与特色。在面临国际化与本土化的冲突时，德国在成为《华盛顿协议》（WA）预备成员长达10年之后，于2013年宣布退出《华盛顿协议》（WA）。从深层原因来看，笔者认为这是根植于包括美国在内的《华盛顿协议》（WA）典型代表国家（地区）的工程教育体系和德国工程教育体系在发展理念方面存在根本分歧所致。美、德两国各自实施的工程教育发展模式，办学理念不同，各具特色。因此，本书着重采用国际比较的方法来探究德国退出《华盛顿协议》（WA）的多重原因，其中美国是重点的比较分析对象。

一　专业认证标准与毕业生要求

德国与《华盛顿协议》（WA）在专业认证标准和毕业生要求方面的差异，是导致德国选择退出《华盛顿协议》（WA）的最直接原因。《华盛顿协议》（WA）的核心内容主要包括四个方面：一是各参与方的认证标准、程序以及目标基本等效；二是促进各参与方的工程教育或专业实践训练，为学生职业生涯提供必需的学术理论和工程实践素养；三是相互承认各参与方的专业认证结果；四是各参与方保持充分的信息交流与相互监督。各预备成员经过严格的程序审查，并与各正式成员进行顺利谈判后，最快2年可以成为《华盛顿协议》（WA）的正式成员；其中从"预备"到"正式"最为核心的要求是预备成员的认证标准要与正式成员保持实质等效；预备成员的毕业生要求要与正式成员保持实质等效。在访谈中，部分人员指出，德国在成为预备成员后，与英、美等《华盛顿协议》（WA）正式成员谈判过程中未有决定性进展，其重要原因就在于德国的专业认证标准和毕业生要求难以与《华盛顿协议》（WA）的正式成员保持高度一致。

从认证标准来看，美国、英国和加拿大等《华盛顿协议》（WA）成员的认证标准虽然存在差异，但基本上是围绕输入要素、过程要素、输出要素、持续改进四个环节展开。首先，输入要素包括师资、机构支持、设施、资源支持或资金等；其次，过程要素包括课程体系、专业机构、教学管理与评估等；再次，输出要素主要就是学生；最后，持续改进是围绕所有要素建立完善的评价与反馈机制。而反观德国的通用标准主要包括：（1）学位课程，即理念、内容和执行；（2）考试，即制度、理念和组织；（3）办学基本条件；（4）透明度和文件化；（5）质量管理，即质量评估和发展。由此可见，德国与《华盛顿协议》（WA）成员在认证标准方面存在显著差异，德国的认证标准非常关注课程、考试以及办学基本条件等过程要素，以及对过程要素展开评估，这与《华盛顿协议》（WA）以学生为中心的教育理念，以成果产出为导向的认证标准有着明显不同。此外，德国的通用标准只是德国专业认证的指导性框架，德国的14个技术委员会都有制定符合本学科特点的认证标准，而各学科的认证标准更是迥然不同，这更难保证德国的认证标准与《华盛顿协议》（WA）的认证标准保持一致。

从毕业生要求来看，《华盛顿协议》（WA）制定的毕业生要求框架借鉴了美国的"EC 2000"准则，主要包括12个维度：（1）工程知识；（2）问题分析；（3）设计/开发解决方案；（4）调查；（5）现代信息化工具使用；（6）工程与社会；（7）环境与可持续发展；（8）工程伦理；（9）个体与团队协作；（10）沟通；（11）项目管理与财务；（12）终身学习。各成员基本按照《华盛顿协议》（WA）的毕业生要求框架制定了本国（地区）的毕业生要求。例如，中国工程教育专业认证协会制定毕业生要求主要包括 12 个维度：（1）工程知识；（2）问题分析；（3）设计/开发解决方案；（4）科学研究；（5）工程与社会；（6）现代信息化工具使用；（7）职业伦理与规范；（8）环境与可持续发展；（9）沟通；（10）项目管理；（11）团队协作；（12）终身学习。从两者的对比可以看出，我国的毕业生要求与《华盛顿协议》（WA）的毕业生要求框架基本一致。而德国 ASIIN 制定的毕业生要求则很大程度保持了自身特色，其毕业生要求根据学科的不同而各有特色，其中机械工程学科将毕业生要求分为学科相关能力、可迁移能力以及工作方法论能力三个维度。通过两者对比，不难看出，德国与《华盛顿协议》（WA）的毕业生要求框架同样具有较大差异。

二　工程教育发展理念与人才培养模式

德国与以美国为代表的《华盛顿协议》（WA）成员的工程教育发展理念和人才培养模式的差异是导致德国选择退出协议的深层次原因。

首先，对美、德两国工程教育发展理念进行对比。长期以来，受实用主义和历史文化传统的影响，美国工程类院校类型较多，层次齐全，工程教育呈现多元、灵活的发展格局。20 世纪初以来，美国工程教育理念随着时代发展先后经历了 30~40 年代的技术模式、40~80 年代的科学模式以及 90 年代至今的工程模式（谢笑珍，2008）。在早期的技术模式下，注重对经验式的工程技艺本身的研究；此后，在科学模式的影响下，工程教育开始转向注重对工程教育理论层次的研究，而逐渐忽视实践运用。在偏离实践的工程教育理念下，美国的工业经济实力受到很大程度的削弱。因此，自 20 世纪 90 年代开始，美国提出以"回归工程运动"为核心的工程模式，强调改变过去过度重视工程"科学化"的倾向，进而加强工程实践在工程教育中的地位，以及更加注重工程教育的连贯性与系统性（林健、胡德鑫，2018）。在工程模式的影响下，实践过程中美国逐渐形成了"大工程观"的发展理念以及进一步推进了"工程系统学"的形成。总的来看，美国的工程教育发展理念是随社会环境的变化而不断改变的，并且善于广泛借鉴他国的成熟经验，充分体现出多元、灵活的发展特点。长期以来，德国的工程教育发展理念深受法国精英教育传统的影响，其最早产生的工业大学也是仿照巴黎大学构建的。因此，法、德等国家的工程教育体系形成了独具特色的欧洲大陆模式。自19世纪初期以来，由于洪堡的大学办学理念，加之博依特技术教育模式的盛行，德国逐渐形成分类式的工程教育发展模式，传统的工业大学依旧是小而精的发展模式，偏重理论型工程科技人才的培养；而19世纪中期以后新成立的应用技术大学则开始侧重实用型工程科技人才的培养。需要说明的是，不论是工业大学，还是应用技术大学，德国的人才培养都具有"精英教育"的特色。因此，德国在工程科技人才培养过程中淘汰率非常高，在特殊年份甚至可以达到20%左右，这个数字远高于包括美国在内的其他国家。总的来看，美、德两国的工程教育发展理念差异较大，德国遵循的是分类式的精英教育发展模式，而美国注重工程教育系统性与连贯性的"工程模式"。此外，美国更具大众教育的特点，入学门槛远低于德、法等欧洲大陆国家。

其次，对工程人才培养模式进行对比。长期以来，美国奉行的是"通才教育"导向的工程人才培养模式，并且在培养过程中可以灵活"转轨"。在本科阶段，美国的学制一般为4年，其课程设计更具有普通高等教育的特性，而且允许明显对工程类学科不感兴趣的学生在学习过程中转入管理、经济以及医学等其他专业。此外，美国的工程教育深受科学教育影响，更加注重学术论文的发表以及科研项目经验，而对工程实践的要求则相对较低，学生的工程实践训练主要交给其毕业后所在的企业完成。美国有强大的工业体系来保障学生进行充足的工业实践训练，这个过程一般要2~3年。德国奉行的是"专才教育"导向的工程人才培养模式，而且其培养的出口较为单一，一般就是以培养合格的工程师为目标。工业大学、应用技术大学分别负责培养偏重理论和实践的工程师，改革以前的基本学制分别为5年和4年；职业学院则主要负责培养工程师的助手，其基本学制一般为2~3年。而且工业大学，应用技术大学培养学生较为严格,学生不仅要学习大量的基础课程和专业课程,还要完成半年以上的工业实践以及毕业设计。因此,在学位改革以前,其实际修业年限一般分别可以达到 6.4 年和 4.7 年。为了保障学生在学习中得到充足的工业实践训练,德国高度重视与企业开展多种形式的合作。此外,德国高校不仅聘任了大量具有 5 年以上工程实践经验的教师,还聘请了企业中具有丰富经验的一线工程师担任兼职教师。此外,与美国不同,德国的工程人才培养更加注重实践效果,例如,工业产品设计、营销方案策划或解决工程实际问题等。

三 高等教育质量认证体系运行机制

早在 19 世纪中期,美国就在医学领域开始构建高等教育质量认证体系。进入 20 世纪,随着认证机构数量和种类的迅速增加,以及对高等教育质量问题的日益重视,迫切需要建立对各认证机构进行统一管理、协调与沟通的中介组织。因此,作为协调和管理全国高等教育认证工作的高等教育认证组织应运而生。目前 1996 年成立的高等教育认证委员会(CHEA)是由大约 3000 所具有本科学位授予权的大学组成的会员制的非官方组织,主要职责在于对全美的绝大多数认证机构的资质进行审查,以及对其认证活动进行监督,以此有效提高和规范各认证机构的认证质量。目前,有 7 个地区性认证机构、4 个与宗教信仰相关的全国性认证机构、1 个职业性的全国认证机构和约 50 个侧重单一专业领域的认证机构通过了 CHEA 资质审查。[1] 此外,还有部分认证机构选择美国教育部进行审查。

与美国有很大不同,长期以来,德国高校素有高度自治的传统,质量保障的责任主体是高校自身。来自政府部门等的外部监督主要体现在教授资质审查和科研绩效评价两个方面。首先,高校校长和教师是国家公务员,虽然高校负责聘任校长与教师,但最终审核批准的权力在各州

---

[1] CHEA. Directory of CHEA-Recognized Accrediting Organizations,2022 – 03 – 22,https://www.chea.org/chea-recognized-accrediting-organizations.

政府教育部门（徐东，2008）。其次，政府部门会组织专家评议会对科研成果的质量进行评估，当然这种评估主要采用质性标准，是合格性水平评估。此外，由于高校自治的历史传统，外加政府和社会公众对高校办学质量的高度信任，学生培养、教育教学、资金分配以及日常管理等都由高校自己负责，州政府等部门不会过多干预。虽然自20世纪90年代，在外部环境影响下，德国建立了以联邦认证委员会（AR）为核心的一整套质量保障体系，高校的办学自主权受到一定程度的"侵蚀"。但在专业认证制度的建立以及运行过程中，高校自身是重要的参与者和构建者，在其中有着非常大的话语权以确保高校的利益诉求得以反映。总的来看，美国和德国遵循的是不同逻辑的高等教育认证体系构建机制，美国更多的是内部环境中自发的自下而上的"诱致性制度变迁"；而德国更多的是外部环境影响下的"强制性制度变迁"。

综上所述，正是因为德国与《华盛顿协议》（WA）的典型代表的美国，奉行的工程教育发展模式的根本分歧，才导致德国在加入《华盛顿协议》（WA）后显得格格不入，具体体现在认证标准与毕业生要求、工程教育发展理念与人才培养模式、高等教育质量认证体制运行机制三个方面。因此，在成为10年预备成员后，德国依旧没有能与《华盛顿协议》（WA）的认证要求实现完全的国际可比和实质等效，于是在2013年选择退出《华盛顿协议》（WA）。但我们并不能基于此来判断美国和德国工程教育的孰优孰劣、孰高孰低。两国的工程教育发展道路都深深根植于本国的历史文化传统，都是依据其政治体制、经济水平以及科技进步等自身国情走出的独具特色的发展道路，而且都取得了巨大成功，成为全球工程教育领域的两大典范。而且从目前来看，以德国为代表的欧洲大陆体系和以美国为代表的英美体系有相互靠拢的"中庸"趋势。德国在适度地增加"专业拓展"，而美国则开始更加注重"工程实践"。两种体系之所以出现这种情况，既是高等教育国际化或市场化的势在必行，也是两种体系在根据自身国情变化所做的积极应对与调整。

第四章
德国职业教育质量保障体系的构建及启示

第一节 德国职业教育概况

17~18世纪，处于工业化刚刚起步阶段的德国，以言传身教为基本特征的学徒制仍然是传承工业技术和培训工人技能的主要方式。19世纪末20世纪初期，随着德国工业化进程的加快，德国出现了真正意义上的职业技术学校。1900年，德国正式成立以职业为导向的专业教育学校——进修学校，其改良于17世纪初期形成的星期日学校。改革之后，进修学校的教学组织方式强调按照社会的职业类别开展教学，内容基本侧重实践技能的培养与提升。此后，进修学校进一步改名为职业技术学校，并被纳入义务教育的框架体系之内。二战时期，为了进一步增加工业经济实力，德国政府大力发展各州的职业技术学校，并将各州的职业技术学校统一命名，统一制定培养计划，以此快速培养战争需要的工业（特别是军事工业）方面的技术工人。

二战之后，德国进一步推进职业院校的发展，其中最具特色的是在20世纪六七十年代形成的一大批"双元制"职业学院。此外，还陆续建立了继续进修院校、职业补习院校等学校，使得德国职业院校的办学形式更加丰富（Boreham，2002）。目前，约70%的德国职业院校采用的是"双元制"的教育模式,即在学校进行理论知识学习和在企业进行工业实践训练相结合的人才培养模式。20世纪90年代以来,伴随着全球范围内发达国家"再工业化"的浪潮,依靠发展职业教育培养大量的产业化工人成为发达国家重塑工业强国的重要基础。目前,职业教育已经成为德国高等教育体系的重要组成部分,统计数字显示,职业学院是高中生毕业后接受高等教育的主要渠道,选择职业学院的学生比例高达60%~65%,而进入其他大学的学生比例仅占35%~40%。

2013年,为争取在新一轮工业革命中夺得先机,德国提出了推动智能工业化生产体系建设的"工业4.0战略"。为配合"工业4.0战略"的实施,德国联邦教育与研究部(BMBF)、联邦职业教育研究所(Bundesinstitut Für Berufsbildung, BIBB)在2016年联合提出"职业教育4.0"(Berufsbildung 4.0)的发展战略,其核心是推进职业教育的数字化建设,以通过职业教育结构的快速调整,有效对接德国的高技术产业发展,这无疑为德国职业教育发展带来了新的机遇与挑战。总的来看,职业学院的兴起是德国工业化高度发展的产物,从历史传承的角度来看,其是学徒制的现代升级版,而"双元制"的教育模式则成为充分融合学校和企业优势的人才培养实践路径。总之,经过一个多世纪的发展,职业学院非但没有沦为德国高等教育系统中的"二等公民",还在相当程度上扮演着中坚力量的角色,为德国战后重塑工业经济强国培育出大批急需的一线高素质职业人才。

第二节 德国职业教育质量保障体系的历史发展沿革

一 质量保障体系建立的历史背景

在职业教育领域,德国同样没有开展教育评估的悠久历史传统。自19世纪初期以来,德国长期受到人文主义思潮的影响,衡量高校办学水平并不依赖统一的标准化测试和专业性评估(Neumann et al.,

2010),而是更加注重个体个性的养成与发展。同时,与英美等国注重以学生成果为核心的产出导向评价模式不同,传统的德国职业教育质量评价一般只对学校的教师教学、课程设计以及办学经费等施加影响,并不关注学生的产出。德国政府开始对职业教育领域的"质量"予以高度关注,始于参加国际数学与科学趋势研究(TIMSS)、国际学生评估项目(PISA)。20 世纪末 21 世纪初期,德国在两项国际评估项目中先后遭遇滑铁卢。特别是在 PISA 项目测试中,德国在阅读、科学以及数学素养三项测试中,其得分均低于 OECD 国家的平均分,仅列 32 个参与国家的第 21 位。德国学生的平均成绩仅处于参与国家的中下水平,这样"灾难性"的结果使得德国极为震惊、失望。

同时,伴随着经济全球化程度的不断加深,加之欧洲高等教育一体化建设的深入推进,德、法等欧盟国家充分认识到构建职业教育领域质量保障体系的必要性和重要性。2002 年,欧盟提出要在 2010 年前将职业教育培训体系打造成全球质量体系建构的标杆。2009 年,欧盟发布了旨在推进成员国质量保障体系建设的《欧洲职业教育与培训质量保障参考框架》(European Quality Assurance Reference Framework for Vocational Education and Training,EQARFVET)。在该框架中设计了一整套职业院校的质量评价指标,分为计划、实施、评估以及反馈等,具体包括框架应用情况、师资培训投入、参与率、完成率、就业率、实用性以及雇主和学生满意度、失业率、市场需求预测、远期规划、弱势群体关注 10 个维度的指标(见表 4-1)。总的来看,该框架为包括德国在内的欧洲各国职业教育质量保障体系建设提供了一个较为透明的、清晰的参考。在这样的背景下,"质量"与"质量保障"逐渐成为德国政府和职业院校关注的重点。

表 4-1 《欧洲职业教育与培训质量保障参考框架》(EQARFVET)的指标体系

序号	一级指标	二级指标
1	框架应用情况	职业教育与培训机构运用质量框架的比例
		质量鉴定合格的职业教育与培训机构的比例

续表

序号	一级指标	二级指标
2	师资培训投入	注册教师中参加在职教育与培训的比例
		每位注册教师每年获得的继续教育与培训经费
3	参与率	—
4	完成率	取得初始职业教育与培训学历的人数占入学人数的比例
		取得继续教育与培训学历并获得资格认证的人数占入学人数的比例
5	就业率	完成职业教育与培训后的1~3年内，进入劳动力市场、参加继续教育与培训的人数占总人数的比例
		完成职业教育与培训后1年内，参加工作的人数占总人数的比例
6	实用性以及雇主和学生满意度	经过职业教育与培训后所获技能的实用性
		雇主和学生的满意度评价
7	失业率	—
8	市场需求预测	不同层次劳动力需求预测
		根据市场变化及时调整
9	远期规划	远期规划方案
		方案有效性的证据
10	弱势群体关注	弱势群体占参与职业教育与培训总人数的比例
		弱势群体完成职业教育与培训的人数

资料来源：European Commission. European Quality Assurance in Vocational Education and Training, 2022-03-22, https://ec.europa.eu/social/main.jsp?catId=1536&langId=en。

二 质量保障典型模式的形成与发展

长期以来，德国各州享有高度的自治权，各州职业院校根据自身的实践情况形成了各具特色的质量保障模式，其中较为经典的模式主要包括ISO9001模式、EFQM模式和Q2E模式等。在早期，职业院校的质量通常被理解为"管理任务"，与企业管理具有极大相似性。20世纪90年代以来，企业的组织与生产方式发生了大变革。德国逐渐将用于企业的ISO9000质量标准的一些概念移植到职业院校的管理中来。进入21

世纪，德国开始借鉴戴明 PDCA 循环的思想，并进一步融合国际标准化组织（International Organization for Standardization，ISO）推出的 ISO9001 质量标准体系。ISO9001 的质量保障模式，将整个质量保障过程分为四个环节，即战略规划、资源控制、教育管理以及评价反馈。从本质上来看，基于 ISO9001 的质量保障模式更多呈现出以学生为核心的过程导向，把提升学生的满意度及其整个过程作为推动各项改革的原始驱动力。

EFQM 模式源于 1988 年成立的欧洲质量管理基金会（European Foundation for Quality Management，EFQM）设计的一种质量管理框架，是目前欧洲地区较为流行的质量保障模式之一，其广泛应用于战略制定、组织评估以及标杆分析等。进入 21 世纪，德国职业院校逐渐将 EFQM 模式的思想应用到质量保障的实践过程中，其强调从九个维度对职业学院的办学质量进行有效评价。2011 年，在 EFQM 模式的基础上，进一步开发出以 RADAR 为有效支撑的核心工作模式，该工作模式包括七大领域的 48 个具体工作。总的来看，基于 EFQM 的质量保障模式同样借鉴全面质量管理的部分理念，并运用系统化的思维将职业院校的质量保障贯穿于战略目标、过程管理、结果评价及反馈等全过程之中。

Q2E 模式（Qualität durch Evaluation und Entwicklung）源于 20 世纪 90 年代中期瑞士对本国高中阶段教育质量保障的长期实践与系统研究。简单来说，Q2E 模式强调通过评价与发展的相互影响、相互作用，推动教育质量的提高。针对地区性质量保障机构运行时所需遵守的共同准则，Q2E 模式制定了一整套完善的质量标准框架以供参考，由此有效发挥教育质量评价的功能。自 2003 年起，德国开始在职业教育领域逐步引进 Q2E 模式。2005 年，黑森州 17 所职业学院在参与的自治示范项目中，正式引入 Q2E 模式。到 2010 年底，已经有超过 9 个州的 300 多所职业学院采用 Q2E 模式。基于 Q2E 模式的质量保障，注重内外评价制度相结合，并构建了权责明确的运行机制，其已成为目前德国运用最为广泛、最受欢迎的职业教育质量保障模式。目前，德国 16 所州职业学院的现行质量保障模式主要是基于 ISO9001、EFQM 和 Q2E 三种模式来构建或改良的。

第三节 德国职业学院质量保障体系的典型模式解析

一 ISO9001 模式：PDCA 循环

1947 年成立的国际标准化组织（ISO）在 20 世纪 80 年代末期颁布了 ISO9000 系列标准体系，ISO9001 是其系列标准之一。ISO9001 最早的版本发布于 1994 年，此后在 2004 年、2008 年、2015 年相继发布新的版本。其核心内容主要包括基础与术语、质量管理要求、业绩改进指南以及质量审核指南等。目前，"ISO9001：2015"根据时代的发展变化增添了诸多新的元素，更加注重顾客等利益相关群体的利益诉求以及提升组织的运行效率。ISO9001 模式质量保障作用的发挥是基于以顾客为中心、全员参与、领导、策划、支持、运行、持续改进、绩效评价的基本原则。

ISO9001 模式借鉴了戴明 PDCA 循环的基本运行框架，分为战略规划、资源控制、教育管理以及评价反馈等四个环节（见图 4-1）。在战略规划环节，职业院校要根据学生的期望和要求，制定学校发展的指导方针和办学目标，并形成制度化的文件体系——质量手册。在资源控制环节，职业院校合理分配人、财、物等资源，例如，聘任教师、合理配置与控制办学经费、完善基础设施建设等。在教育管理环节，根据社会发展的需要开展教学和课程设计。在评价反馈环节，着重通过学生调查、年度审查报告等形式，追踪学生、家长以及雇主的满意程度。

总的来看，基于 ISO9001 的质量保障模式强调学生、家长、雇主乃至教师的全员参与，并将工作过程形成制度化文件，这对不少的学校的制度、组织以及文化形成冲击，甚至是一场革命性变革（李文静，2014）。但 ISO9001 质量保障模式的缺点也是非常明显的，其过于侧重过程导向导致学生培养质量无法形成学校之间、地区之间乃至国家之间的有效对比。此外，ISO9001模式整个过程过于烦琐，而且其操作性也不高，因此在德国仅有萨尔州和萨克森自由州的职业学院采用的是基于ISO9001的质量保障模式。

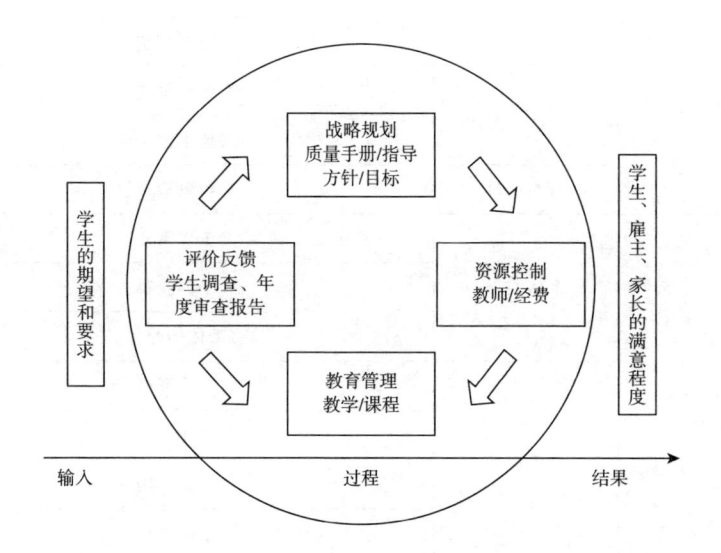

图 4-1　ISO9001 模式的运行过程

资料来源：根据公开资料整理而成。

二　EFQM 模式：RADAR 质量环

EFQM模式主要基于九个要素在质量保障中发挥作用。其中领导、教师、目标与战略、合作与资源、过程设计等五个评价要素属于"引擎"，其主要侧重解决职业院校如何进行有效改革问题；教师和学生满意度、企业满意度、社会效益以及办学成效四个评价要素属于"结果"，其主要侧重职业院校的运行状态以及社会认可程度。为适应职业院校发展的需要，在EFQM模式的基础上，进一步形成了七大领域的核心工作模式，具体包括学校规划、个体全面发展、学校发展、课程设计、结果记录与评价、资源管理、发展合作（见表4-2）。

表 4-2　基于 EFQM 的核心工作模式

领域	维度	具体核心工作
（一）学校规划	确定外界环境变化	利益相关群体建议
		利益相关群体投诉
	组织发展	组织结构
		组织调整
		教育质量提高
		兴趣小组构建
	行为评价	学校政策审议
（二）个体全面发展	个体获得	个体需要
		个体获得
		个体间合作
	个体发展	个体资格
		个体发展
		个体使用
		个体支持
	个体管理	个体管理
（三）学校发展	学校发展	固定模式形成
		学校课程更新
		目标或战略制定
	改进措施	目标协议制定
		改革性措施实行
（四）课程设计	课程实现	课程创建
		材料或媒介提供
		组织教学
		教学进行
		教学评估
	寻求服务	服务效率
		服务态度

续表

领域	维度	具体核心工作
（四）课程设计	个体需求	竞争力提升
		能力提升
		前期准备
		不良现象纠正
	教育管理	学生数据管理
		学习小组组建
	建议与支持	提前工作
		个别辅导
		回应偏差
		职业生涯规划
（五）结果记录与评价	结果记录与绩效评价	教育评估系统设计
		个体评估
		合作状态评估
		资源管理评估
（六）资源管理	资源管理	经济管理
		优化教学设施
		技术转化
		可持续发展
（七）发展合作	发展合作	学校内部合作
		学校之间合作
		与地区合作

资料来源：根据公开资料整理而成。

核心工作模式的各个领域都包含数量不等的核心任务，而核心任务要想实现整体高效率运行，需要借助 RADAR 质量环来形成有效支撑。RADAR 质量环包括结果（Result）、方法（Approach）、发展

(Development)、评估（Assessment）、复审（Review）五个维度，通过这五个维度的数值化使核心工作模式中的各个核心工作结构化，从而有效提高核心工作模式在质量保障中的运行效率。总的来看，基于EFQM的核心工作模式，有利于职业学院明确自身的任务与使命，从而更好地提升自身的办学质量。但核心工作模式毕竟是以企业管理为基础进行开发的，目前的核心任务指标体系还有待进一步改进。此外，核心工作模式目前仅适用于欧洲的部分国家，无法进行国际的比较。需要说明的是，基于EFQM的质量保障模式虽然在欧洲广泛流行，但目前在德国只有勃兰登堡州、下萨克森州的职业学院采用这种质量保障模式。

三　Q2E模式：全面质量管理

（一）Q2E模式的理论框架

顾名思义，Q2E指的是基于评价和发展的质量。在Q2E模式中，其运用全面质量管理的思想关注与学校办学质量相关的输入、过程以及输出要素全过程，特别是重视学生的阐述以及课程建设的质量。总的来看，Q2E模式的关注点主要包括两个：一是教师和学生等个体，二是职业学院整体，其功能目标就在于促进个体的全面发展，保障院校整体的办学质量水平。目前Q2E模式主要由学校办学目标、个体发展与反馈、领导控制、内部评价、外部评价以及认证6个核心要素。这6个核心要素相互配合与协作，共同形成一个系统性的整体，以推动职业学院质量的不断提升。由此可见，基于Q2E的质量保障模式注重学校质量保障构建的系统性、一致性与连贯性，较为符合德国职业学院的发展实际。目前包括巴登—符腾堡州、巴伐利亚州在内的9个州的职业学院普遍采用的都是基于Q2E质量保障模式，成为德国应用最为广泛的职业教育质量保障模式。

一是学校办学目标。办学目标是Q2E模式最为核心的要素，其包括总体目标和具体目标两个维度，总体目标是学校办学的5年、10年乃至20年的长期规划或战略愿景；而具体目标则是学生培养目标、教师队伍建设目标、教育教学目标以及管理制度改革目标等诸多内容构成的有机整体。其中部分职业学院会专门制作质量手册，手册包括学校的质量方针及目标、组织机构、质量体系要求以及管理细则等内容，是指导职业学院进行质量建设的纲领性文件。质量手册的作用主要有三个：一是学校开展质量建设实践的基本准则和依据；二是证明质量保障体系的存在以有效赢得政府、学生群体以及社会公众的充分信任；三是为第三方评价机构对职业学院的办学质量进行评价提供了有效依据。

二是个体发展与反馈。个体发展主要包括学生和教师两个群体。学生的发展主要是指学生在职业学院中获得较强的实用性技能，以及毕业后长远的职业生涯发展。对于职业学院来说，教师的发展主要是指要加强"双师型"队伍的培养，"双师型"主要包括两个方面：一是教师队伍的构成，即理论能力较强的专职教师队伍和实践能力较强的校外兼职教师队伍（特别是工业界有丰富实践经验的工程师）相结合；二是教师队伍的业务能力，既要增强教师的理论知识素养，也要通过和工业界深度合作增强教师的时间经验。个体反馈主要采用360度反馈法，即不仅要考虑学生和教师群体本身对其自身发展的满意度，也要考虑政府、学校、雇主以及社会公众对其发展的相关建议或意见。通过全方位、立体式的反馈，有利于对学生和教师的发展提供更好的帮助与指导，进一步激发其内在的自我激励机制以实现长远发展。

三是领导控制。学校领导是职业学院发展的掌舵者、管理者和第一负责人。领导控制包括三个维度：（1）学校管理体制建设，这主要包括学校校长、董事会成员的选拔以及各自的基本职责界定等内容；（2）学校领导能力的培养，其中学校校级领导能力培养包括宏观战略决策、组织机构建设、内外沟通协调乃至公共危机处理等多个方面，而学校院系领导能力培养主要包括学校政策执行能力、院系内外沟通协调、教师队伍建设与激励、统筹规划能力以及团队协作能力等；（3）学校对职业教育质量保障的制度化建设，这需要领导团体根据社会发展的需要和本校办学实际不断加以调整和修改。

四是学校内部评价和外部评价。从本质来看，两者是一个连贯的有机整体，共同对职业学院的质量保障起到监督和制约作用。与个别反馈有着很大不同，内外部评价侧重于从院校整体层面对院校的发展进行评价，其主要目标是监测学校办学目标的达成度。在内部评价中，职业学院自身兼顾评价主体和对象两种角色，其主要通过教育教学反馈、就业报告等一系列调查报告的形式来对学校自身的办学情况进行诊断，并建立完善的数据库，以便从长期追踪中发现学校办学中存在的问题。在外部评价中，则一般通过聘请专业评价小组的形式来对院校的办学质量进行监督。专业评价小组一般通过个别访谈、座谈会、查阅文献资料以及现场听课等多维度对学校的办学现状和存在的问题进行了解，并形成专业的外部评价报告。为提高外部评价的权威性和可靠性，专业小组的成员一般会聘请与学校没有利益相关的教师、公众、专业机构专业人员乃至其他职业学院领导等。外部评价完成一段时间后，一般还会通过元评价的方式对评价活动进行不断的改良，以有效提高外部评价的可信性、规范性和公正性。

五是认证环节。在 Q2E 模式构建的认证体系中，这是职业院校自愿选择的一个环节。职业院校的认证一般是通过较为权威的第三方评价机构对学校发布的质量手册、学校内部评价构建的数据库、外部评价的专业评价以及学校常年的教育教学历史档案等资料，此外，还有第三方评价机构组织的审查小组进行实地考查，来综合判断学校的办学质量是否达到固定的标准水平。总的来看，通过第三方专业评价机构的认证既有利于有效保障学校的人才培养质量，更有利于社会公众提升对职业学院本身的认可度。

（二）基于 Q2E 模式的质量保障过程

基于 Q2E 模式的质量保障过程是职业学院制定质量保障政策以及开展实践的基本依据，其质量保障过程主要分为四个维度：输入质量、过程质量、输出/结果质量以及质量管理（见表 4-3）。其中输入质量包括学校战略框架和课程体系设计、师资数量与结构以及基础设施和教育经费等，其主要对学生培养所需的基本资源进行描述和界定；过程质量包括学校和课程两个维度，学校维度包括学校领导、学校组织建设和战略管理以及校园文化与教师团体协作等，课程维度包括教学模式、反映社会变化或需求以及考试设计与成绩评定等，其主要对学生培养过程中学校和课程建设的水平进行描述和界定；输出质量包括学生整体满意度、学习成绩和社会化/实践能力以及学生职业生涯发展等，其主要对经过学校培养后学生的获得进行描述和界定；质量管理包括领导控制、个体发展与反馈以及学校内部评价与战略调整等，其注重对学校为学生培养质量提供的制度建设或保障措施进行描述和界定，其贯穿于质量保障的全过程之中。

表 4-3 基于 Q2E 模式的质量保障行为框架

维度		具体指标
输入质量		学校战略框架和课程体系设计
		师资数量与结构
		基础设施和教育经费
过程质量	学校	学校领导
		学校组织建设和战略管理
		校园文化与教师团体协作
	课程	教学模式
		反映社会变化或需求
		考试设计与成绩评定
输出/结果质量		学生整体满意度
		学习成绩和社会化/实践能力
		学生职业生涯发展
质量管理		领导控制
		个体发展与反馈
		学校内部评价与战略调整

资料来源：根据公开资料整理而成。

总的来看，基于 Q2E 模式的质量保障框架是对德国职业学院质量保障全过程的系统描述与界定，其不仅为学校推进质量保障建设进而提高办学水平指明了方向，也为对职业学院的办学质量进行评价提供了明细的考核标准。此外，基于 Q2E 模式的质量保障一定程度上发挥着元框架的作用，因此它并非一成不变的，而是根据德国社会经济发展的实际不断调整与变化，是动态性与稳定性的高度有机结合。因此，每个院校在制定自身的质量保障框架时，可以根据本校的办学实际情况和本地的经济发展水平与结构对质量保障的元框架进行调整。因此，基于 Q2E 模式的质量保障框架，可以有效反映职业学院办学的实际现状，从而调动职业学院自身推动质量保障体系建设的积极性和主动性，实现办学质量的持续提升。

以巴登—符腾堡州为例，作为本国工业经济实力最强的地区之一，巴登—符腾堡州最早建立了德国的职业教育体系，其在借鉴基于 Q2E 模式的质量保障元框架基础之上，进一步开发出以注重学校自主办学为核心的 OES（Operativ Eigenständige Schule）模式。OES 模式最为核心目标就在于通过不断提升职业学院的办学自主权来有效增强其推进质量保障建设的积极主动性。其在对 Q2E 模式的基本框架进行修订的基础上，构建出涵盖学校办学目标、个体发展与反馈、内部评价与质量发展、外部评价、认证、学校与院系之间的战略规划协议 6 个环节的质量保障框架。总的来看，在基于 Q2E 模式的质量保障元框架的基础之上，OES 模式的各模块功能相互配合与协调，适应了巴登—符腾堡州职业教育的办学实际情况，对其职业学院质量保障建设发挥着独具特色且至关重要的作用。目前，巴登—符腾堡州的所有职业学院已于 2010 年左右全部采用基于 OES 模式的质量保障模式。

第四节 职业学校质量保障体系建构的有效支撑机制

一 价值引导：全面质量管理思想的有效借鉴

德国职业教育在质量保障的构建中虽然在一定程度上也受到人本主

义和建构主义思潮（特别是外部评价的构建过程中）的影响，但是对其影响最深的还是全面质量管理思想。在德国基于 ISO9001、EFQM 以及 Q2E 三种模式为主的质量保障体系构建中，都在不同程度上对其思想进行了借鉴。全面质量管理思想雏形最早可以追溯到 20 世纪 60 年代初期的美国。随着全面质量管理思想在全球范围内的广泛运用，国际标准化组织（ISO）在 1986 年将其思想和内容进行了标准化，即 ISO9000 系列标准的前身（Dotchin and Oakland，1992）。目前，较为通行的 ISO9001：2015 系列标准实际上是对全面质量管理思想的继承和超越。此外，朱兰等国外学者也对全面质量管理思想进行了系统研究，还有部分学者对全面质量管理、ISO9001 质量管理与专业认证制度的作用进行系统比较。时至今日，全面质量管理思想已经形成了较为完善的思想体系，包括核心理念、中心思想、工作程度、基本原则、基本内容、基本要求以及管理原则等诸多内容。

20 世纪 90 年代，德国开始在借鉴全面质量管理思想的基础上，构建符合本国国情的职业教育质量保障系统。在借鉴全面质量管理思想基础上，德国职业教育的质量保障强调以学生满意为核心，通过动员学校、雇主、政府以及社会公众全员参与来有效提升办学质量和学生满意度。具体来看，全面质量管理在职业教育领域的运用强调职业学院是质量保障最为核心的参与者，只有学校自身的积极参与，才能使得质量保障构建顺利实施；企业、政府以及社会公众等群体则发挥着相当重要的协助者作用。此外，职业教育的质量保障应该贯穿于学生从入学到毕业的整个培养过程，通过借鉴 PDCA 循环的基础上，实现质量保障的不断纠偏与改进，从而滚动式持续提高职业学院的办学质量。全面质量管理思想在德国职业学院质量保障中的运用对德国职业教育的改变无疑是巨大的，其对德国传统的只注重内部评价的质量保障体系产生了深刻影响。具体来说，主要包括三个方面。一是以学生为中心，德国职业学院开始关注课程、教学等任何影响到学生培养质量的过程因素，而非仅关注最后的结果。二是改变了德国只注重内部评价的传统，开始与外部评价相结合，通过内外部评价协同提升职业学院的办学质量。此外，引入外部评价的方式也是提升社会认可度的必然要求。三是构建起一整套科学的质量保障有机系统，其包含着输入、过程以及输出的全过程，而非零散的、无序的碎片式质量管理。

二　制度支撑：完备的职业教育法律/政策体系

长期以来，完备的法律体系是推动包括职业教育在内的整个德国教育体系不断发展的重要制度性支撑和强大驱动力。"二战"以后，随着德国职业学院数量的日益增加以及学生规模的日益扩大，德国联邦政府在20世纪60年代末期颁布《职业教育法》（Berufsbildungsgesetz，BBiG），该法律实施的意义重大，正式将职业教育以法律的形式加以确定。此后，在80年代初期，又颁布《职业教育促进法》（Berufsbildungsförderungsgesetz），大力促进职业学院在各州的发展。进入21世纪以后，联邦政府将此前颁布的两法合并，并在2005年正式颁布新的《职业教育法》（BBiG）（姜大源，2005），此法的颁布具有里程碑式的意义，其为新时期德国职业教育改革与发展提供了系统的指导，其成为目前德国职业教育最为权威、最为基础的法律文件。具体来说，主要包括五个方面：一是在适用范围上，原先法律主要适用于"双元制"职业学院，新法对所有形式的职业教育都进行界定并加以明确职责；二是鼓励新的职业办学形式，以适应快速发展的社会经济变革；三是加快职业教育的现代化建设，特别是现代信息技术在职业教育教学中的有效运用；四是加强德国与欧盟以及其他国家的有效衔接，以拓展职业教育毕业生的就业空间；五是加强职业教育的质量保障建设，以有效提升其透明度和认可度。此外，新法对联邦政府和州政府的权力分界做了更加明确的规定，"双元制"职业学院主要由州政府负责管理，而校外各种形式的职业教育与培训主要由联邦政府负责管理。州政府对职业学院的管理更多是通过制定纲领性政策文件的形式，这些文件涉及职业学院的法律地位、办学目标、办学层次、学校类型等较为宏观的内容，并不对学校的具体事务加以干预。此外，这些政策文件还包括职业教育的经费保障问题，州政府通过财政拨款的方式对职业教育发展也起着间接的调节作用。

三　标准建设：多样与统一兼顾的质量标准体系

质量保障标准是德国职业教育质量保障体系最为核心的部分，也是质量保障体系建设的基础。21世纪以前，德国职业学院的质量保障一般仅体现在教师教育标准的制定上，并不涉及职业学院的整体。1973年，德国16州文教部长联席会议（KMK）针对各州职业院校的教师制定了全国性的考核框架以有效提高其教师队伍的整体质量，其实际上成为全国职业学院教师所需达到的统一最低标准或要求。此后，16州文教部长联席会议（KMK）又对该框架进行进一步调整与确定：教师除了需具备传统的各学科专业理论知识、工业实践经验、教育/心理学知识以及教学法等基本能力外，还需要具备协作、评价、诊断以及批判等更为深层的思辨能力（菲利普·葛洛曼、菲利克斯·劳耐尔，2011）。各州在该框架的基础上根据本州职业教育发展的实际对教师教育质量标准又作了更加详细系统的规定。

进入21世纪，随着职业教育规模的迅速扩大，在16州文教部长联席会议（KMK）的指导下，各州建立了兼具统一性与多样性的质量保障标准体系，此时的标准体系已经转向注重职业学院的整体质量（李文静、周志刚，2014）。各州在基于ISO9001、EFQM以及Q2E三种模式的基础上，构建了符合本州职业学院发展实际的职业教育标准体系。例如，巴登—符腾堡州在Q2E模式的基础上发展出以学校自主为核心的OES模式，将质量标准分解在输入、过程、结果以及质量管理4个环节之中，将考核结果分为不达标、基本达标、达标以及优秀4个等级。下萨克森州在根据EFQM模式的基础上，将质量标准设计集中于5个过程指标和3个结果指标，其中过程指标包括学校战略目标、领导控制、管理过程、教师建设、办学资源；结果指标包括教师以及学生满意度、办学成效以及社会认可度。梅克伦堡—前波莫瑞州同样在 Q2E 模式的基础上，将质量标准设计为质量目标、学校战略规划、学校质量管理、校园文化建设、学校办学成效以及教师职业发展 6 个维度及 25 个具体指标。总的来看，德国职业教育的标准体系坚持统一性与多样性有效结合，在联邦政府制定统一质量框架的基础上，各州根据自己发展实际制定出各具特色的质量保障标准。

四 运行模式：内部评价与外部评价有效结合

学校内部评价和第三方机构外部评价结合是推动德国质量保障体系高效运行的必然要求。首先，职业学院普遍设立专业性质量保障部门负责本校的内部评价工作，该机构在学校战略规划的指导下，负责系统地调查本校师生对学校教育教学工作的满意度情况、毕业生职业发展情况，并依据各年调查的情况建成动态数据库。在此基础上，进一步构建内部评价的考核指标体系，并最终形成内部评价报告。学校内部评价是推动质量保障体系建设的基础，其不仅有利于职业学院以主人翁的意识努力提高自身办学质量，也有利于提高职业学院办学的社会透明度，并为第三方机构的外部评价奠定基础。

其次，第三方专业机构外部评价的兴起既是社会公众急需了解职业学院办学质量现状的现实需要，也是进一步保障职业学院办学质量的必然要求。德国各州政府普遍对第三方评价机构的建设给予高度重视。第三方评价机构一般为独立于政府之外的民间机构，但为保障其高效运行，其机构运行所需的经费一般由政府负责。第三方机构外部评价的专业性主要体现在三个维度：一是成立足够数量的专业性机构。二是第三方机构一般聘请足够数量的专业队伍，并且这些专家队伍由政府、职业学院、雇主、独立专业性人士乃至社会公众共同组成，具有较为丰富的质量评价经验。同时，第三方机构会对专家队伍进行系统的外部评价培训，以保障他们对职业学院的运行机制以及质量保障体系有系统的了解。三是评价结果具有较高的公正性和权威性。第三方评价机构会通过实地考查、学生以及教师访谈、查阅资料、座谈会、现场听课等多种方式来保障对职业学院的办学状况进行系统了解。同时，第三方评价机构及其成员与被评价对象一般无任何利益关系。此外，在外部评价报告完成之后，也会接受职业学院自身的意见反馈，以保证职业学院对外部评价报告的认可性。总之，正是通过内外部评价的有机配合，才能推动职业学院质量保障体系高效的运用，进而促进职业学院不断为提升办学质量而努力。

五　动力机制：政府宏观调节与企业/行业协助

政府宏观调节和企业/行业协助的共同配合是促进职业学院质量保障体系发展的重要推动力量。首先，能够对职业教育质量保障构建起到宏观调节的政府部门主要包括联邦教育与研究部（BMBF）、联邦经济合作与发展部（Bundesministerium für wirtschaftliche Zusammenarbeit und Entwicklung，BMZ）、联邦劳动局（Bundesagentur für Arbeit，BA）、联邦职业教育研究所（BIBB）以及16州文教部长联席会议（KMK）等多个部门。其中联邦教育研究部（BMBF）主要负责制定包括职业教育在内的整个教育体系的宏观教育发展政策；联邦经济合作与发展部（BMZ）负责发布德国经济发展概况与预测，及其所需的劳动力数量与结构等；联邦劳动局（BA）主要负责发布职业教育毕业生的就业、薪酬及职业发展情况；联邦职业教育研究所（BIBB）主要负责职业教育方面的相关政策制定；16州文教部长联席会议（KMK）主要负责各州职业教育的协调发展。总之，政府各部门各司其职，分工明确，共同为职业教育质量保障的建设提供有效的政策支持。

其次，企业和行业协会在职业学院质量保障体系同样发挥着至关重要的作用，而且职业学院构建质量保障的最初目的就是为了回应企业对职业学院办学质量的关切。企业的作用发挥主要体现在与职业学院合作培养职业人才上，即"双元制"职业教育。德国西门子、奔驰、巴斯夫、梅德赛斯等众多知名企业都设有专业的实习车间和培训中心，并邀请工业实践经验丰富的一线工程师开设工业实践的相关培训课程（邓志军、李艳兰，2010）。此外，各行业协会一般通过制定本行业的统一从业规范来引导职业学院培养符合其基本要求的职业人才，具体包括企业培训资质认定、组织职业技能培训与考试、为学生职业发展提供相关资讯等。

第五章
案例探索：德国一流大学建设的实践探索与质量建构

第一节 研究背景：卓越倡议之"顶尖大学"计划

自19世纪初期以来，在洪堡大学办学理念的引导下，德国高等教育迅速崛起，成为当时继意、英、法等国家之后的世界科学技术中心。但第二次世界大战之后，德国工业经济以及高等教育体系遭到毁灭性的破坏，工业生产总值不及战前的一半，各类科技人才也纷纷外流，德国高等教育发展陷入停滞，逐渐失去往日的辉煌，走向衰微。经过战后20多年的发展，德国高等教育才逐渐恢复元气，但与美国等世界高等教育强国相比，其实力已经大不如前。20世纪八九十年代以后，随着经济全球化时代的到来，各国逐渐把大学作为提升综合国力的重要工具，从而引发了各国高等教育的激烈竞争。在这场波及全球范围的高等教育改革浪潮中，德国同样面临着坚持传统与改革创新之间的艰难抉择。为重塑德国高等教育的辉煌，联邦政府自80年代起在高等教育体制、科研经费分配等方面进行了一定程度的改革，但收效甚微，德国科研质量下降、人才外流以及教育经费短缺等现象愈加严重。

从国家层面来看，为有效融入高等教育国际化潮流，提升本国高等教育特别是工程教育的竞争力，德国对旧的学位体制进行彻底改革，建立起国际上通行的本—硕—博三级学位体系，并在此基础上建立起联邦认证委员会（AR）领导下的一整套高等教育认证体系，其中 ASIIN 便是负责工程教育领域的专业认证机构。从高校内部发展层面来看，为增强德国高校的整体竞争力和顶尖科技创新，德国联邦政府在 2005 年正式提出"卓越倡议"（Exzellenzinitiative）计划，主要涉及"研究生院"（Graduiertenschulen）、"卓越集群"（Exzellenzcluster）和"顶尖大学"（Exzellenzuniversitäten）三项内容，其中"研究生院"的主要目标是培养具有良好学术潜质的博士生或博士候选人；"卓越集群"是为加强科研人员的协作，并建设多种形式的协作平台；"顶尖大学"则旨在打造具有国际竞争力的顶尖大学建设计划。作为较为综合的顶尖大学建设计划，"顶尖大学"是前两者的延伸与拓展，即只有"研究生院"和"卓越集群"均入选，才有资格申请加入"顶尖大学"计划。

总的来看，"卓越倡议"计划对德国高等教育的发展无疑产生了深远的影响，不但打破了社会民主党一贯主张的教育公平理念，加剧了德国顶尖大学之间的竞争；同时也进一步激发高校自身不断推进改革的动力，以有效提升自身的办学质量。

第二节 慕尼黑工业大学的转型概况

作为德国最为古老的工业大学之一，慕尼黑工业大学至今已有 150 多年的历史，其间虽然历经第二次世界大战的创伤，但凭借其独特的发展战略和卓越的创新精神，目前其已成为享誉欧洲乃至世界的顶尖研究型大学。20 世纪末期，慕尼黑工业大学提出向创业大学转型的发展战略，开启其长达 20 多年的持续改革，具体来看，可以分为 1998~2005 年的准备阶段、2006~2011 年的转型阶段以及 2012 年至今的深化阶段等（见图 5-1）。

第五章 案例探索：德国一流大学建设的实践探索与质量建构 115

```
准备阶段                转型阶段                深化阶段
1)企业式管理架构      1)跨学科平台           1)终身聘任制度
2)衍生性技术转移      2)多渠道筹款          2)综合性研究中心
  机构                3)两性平等
                      4)创业型校园文化
                      5)学生职业生涯发展

准备阶段              转型阶段                深化阶段
1998年~2005年        2006年~2011年         2012年至今
```

图 5-1 慕尼黑工业大学的转型发展历程
资料来源：根据公开资料整理而得。

在准备阶段，慕尼黑工业大学引入企业式管理架构，以有效协调学术权力与行政权力的关系，并成立促进技术转化的专业机构。进入转型阶段后，慕尼黑工业大学制定了"未来构想大学发展计划"（Future Conceive of University Development Plan），从五个维度提出向创业型大学转型的全面改革计划。具体来说，一是以优势学科为基础，汇聚学校的多种资源，着力推进跨学科专业和课程建设，并进而打造顶尖的跨学科研究平台；二是通过知识产权中心、校友之家、校务基金、创投基金以及专业募款等多种方式筹集学校可持续发展的资金；三是实质性地推进两性平等，并实施一系列的关爱家庭计划以有效免除教职人员的后顾之忧；四是塑造创业型校园文化，加强与产业界的合作，为教师和学生提供多样的社会实践、参观学习机会；五是为学生职业生涯发展建设专业的咨询平台，特别包括创业方面的咨询，以切实提升学生的就业质量。在深化阶段，慕尼黑工业大学致力于打造一流的教师队伍，特别是推行了"终身聘任"制度，以充分激发中青年教师的创新活力，为其指明职业生涯的道路。同时，还加强与科研机构、产业界的密切合作，聘请其一线科研人员担任兼职教授。此外，通过建设综合性研究中心的方式来推进跨学科研究。

2006年、2012年和2018年，慕尼黑工业大学凭借向创业型大学转型的战略构想，积极推进教师队伍、学科专业、课程设计以及人才培养等多方面的改革与实践探索，三次均成功入选"卓越倡议"计划。总的来看，以"卓越倡议"计划为契机，慕尼黑工业大学通过顶层设计，构建起宏观的发展战略，到中观的学科课程建设，再到微观的教师学生等全方位、立体式的转型发展战略。毫无疑问，慕尼黑工业大学向创业型大学转型的计划取得了相当程度的成功，为学校赢得了更多的办学资源和国际声誉。根据2022年QS世界大学排名的数据显示，慕尼黑工业大学的世界排名已经上升至第50位，位列德国高校第一位。同时，在转型过程中，不断提升人才培养教育质量是慕尼黑工业大学贯彻始终的重要目标之一。在THE2021年全球大学毕业生就业能力排名中，慕尼黑工业大学位居全球第13位。

第三节　慕尼黑工业大学质量保障体系建设的实践路径与探索

在高等教育系统中，个体创造力的形成无疑是场域的教师群体、领域内的学科专业、课程和教学以及个体共同塑造的，三者不断地进行相互沟通、协调、冲突以及博弈，最终推动个体创造力的形成。高等教育改革的最终目标在于提升人才培养的质量，而学生群体创造力的高低作为衡量人才创新思维与能力的重要标准之一，无疑是人才培养质量的重要体现与衡量标准，也是高校特别是研究型大学推进质量保障体系的最终目标。因此，笔者尝试借用创造力系统的分析框架，应用到慕尼黑工业大学质量保障体系构建的研究之中。具体来说，本书将从师资队伍建设（场域）、学科专业建设、课程内容与教学方式变革（领域）、人才培养模式（个体）三个维度，来剖析慕尼黑工业大学是如何通过不断的改革来提升办学质量，进而间接地实现质量保障体系的系统构建，以期为我国研究型大学构建质量保障体系提供有益的借鉴与启示。

一 场域：以绩效为导向的终身教职制度

在创造力系统中，场域中的教师群体扮演着学生创造力培养与形成中的"守门人"角色。因此，对于研究型大学来说，推进高水平的教师队伍建设至关重要。从历史发展的角度来看，20世纪90年代以来，传统教席制的弊端日益显现，在德国大学中教席职位一般根据需要设立，其数量和层级都是相对固定的，教席具有国家公务员的身份，且是终身制的，而青年科研人员一般只能依附于他们从事科学研究。因此，教席制带来的直接弊端就是阻碍了学术卓越、富有活力的青年科学家群体的职业发展。21世纪初期，联邦政府的一份研究报告指出，伴随着高等教育国际化竞争的日趋激烈，大学特别是研究型大学有必要吸引更多的优秀青年科学家来优化教师队伍结构，以有效提升竞争力。此后，德国先后在2002年引入青年教授制度，2004年引入教师绩效管理制度，以有效促进青年科研人才的职业生涯发展和热情。慕尼黑工业大学抓住"卓越倡议"计划的契机，提出多样化的人才发展战略，并最终形成了以绩效为核心的职业生涯晋升体系——终身教职制度（Faculty Tenure Track）。慕尼黑工业大学同时还制定了一整套完善的绩效考核标准，以保障终身教职制度能够被公正透明地贯彻与执行。慕尼黑工业大学率先在德国引进肇始于美国的终身教职制度，其取得的成效无疑是明显的。下面，笔者着重从教师绩效管理主体、教师聘任/晋升路径与评估标准、教师绩效辅导与支持三个维度对慕尼黑工业大学教师绩效管理体系展开分析。

（一）教师绩效管理主体

慕尼黑工业大学的教师绩效管理主体涉及学校层面的理事会、校长、管理委员会以及教师聘任与晋升委员会，院系层面的各院院长以及教师搜寻与评估委员会，以及候选人等多元主体的参与，教师绩效管理主体作用的发挥主要体现在教师聘任和晋升的全过程之中，具体来说，分为七个环节。第一，候选人向各院院长提升入职或晋升申请。第二，院长在对候选人的资料进行初步筛选后，交给教师搜寻与评估委员会进行评估。第三，教师搜寻与评估委员会对候选人进行评估，包括候选人的现场/答辩、书面材料等。第四，教师搜寻与评估委员会撰写评估报告反馈给各院系院长。第五，院长将审查合格的候选人评估报告以及个人的书面意见提交给教师聘任与晋升委员会。需要说明的是，只有 A 类和 B 类教职岗位是需要通过教师聘任与晋升委员会审议；C 类和 D 类教职岗位则是直接提交给学校管理委员会审议。第六，教师聘任与晋升委员会将评估报告和投票的结果提交给学校管理委员会。第七，学校管理委员会在大学理事会的授权下宣布聘任结果（见图 5-2）。在教师聘任的整个过程中，教师搜寻与评估委员会和教师聘任与晋升委员会凭着其专业的知识对候选人进行科学、合理以及公正的评估，发挥的作用至关重要。

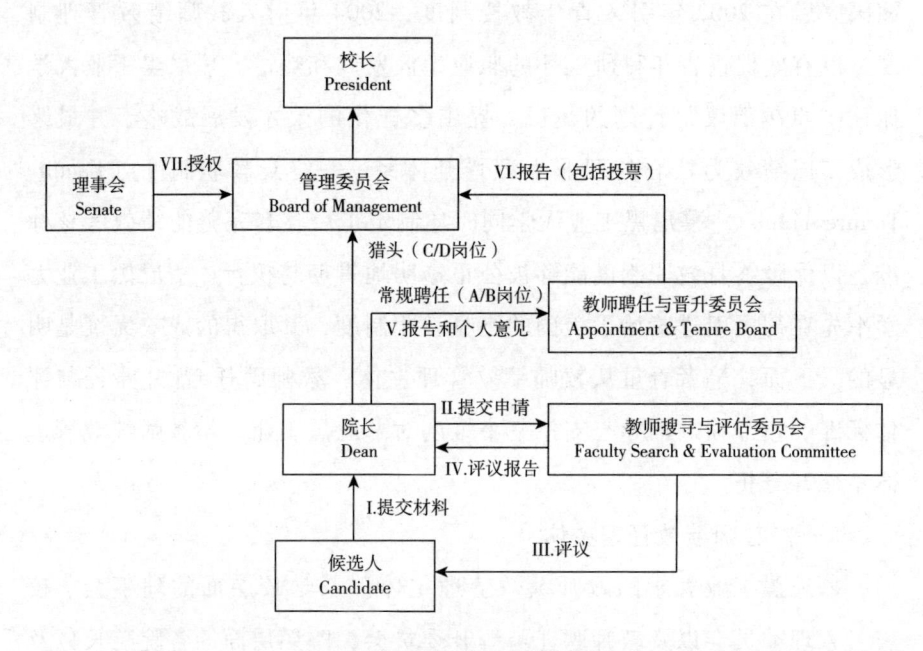

图 5-2　教师聘任与晋升流程

资料来源：根据公开资料整理而得。

（二）教师聘任/晋升路径与绩效评估标准

慕尼黑工业大学共有 A、B、C、D 四类聘任或晋升路径，分别面向的对象是优秀的博士后、获奖的青年科学家、具备国际领军潜质的科学家和国际领军科学家（见图5-3），其中 A 和 B 类总数的 30% 左右，C 和 D 类占总数的 70% 左右。聘任路径为 A 类和 B 类的发展方向是助理教授。助理教授是临时性的岗位，需要经过 6 年的考核周期已确定其是否达到获得终身教职的标准。需要说明的是，助理教授和副教授、教授一样享有独立进行学术相关事务决策的权力。其中途径 A 的招聘对象是优秀的博士后，其基本条件要符合以下三个标准：一是在国内外一流大学获得博士学位；二是经常在德国境外开展适当的博士后研究活动；三是在具有同行评议的国际期刊上发表过学术研究。途径 B 的招聘对象是已有一定研究基础的青年科学家，其基本条件要在符合 A 类聘任或晋升路径要求的基础上，还需获得过各类奖项或殊荣、担任科研机构成员或重要研究项目成员等。B 类与 A 类路径的最大不同之处在于，一般达到 B 类聘任的标准，应聘慕尼黑工业大学的教职岗位有很大几率入选；而 A 类路径来说，还要经过激烈的竞争才有机会入选。具体来说，B 类的招聘对象为三类：一是马克斯—普朗克科学促进协会（Max-Planck-Gesellschaft，MPG）成员；二是穆斯堡尔（Mößbauer）效应研究项目成员；三是获得过国内国际知名奖项或殊荣，在第一个考核周期的第二年和第四年结束时，将对路径 A 和路径 B 中的助理教授群体进行内部状况评估，以评估研究和教学绩效以及多学科关键能力是否达到相关要求；在第六年初，则进行终身教职评估，如评估通过，则授予副教授职位；如评估未通过，则需要重新进入第二个为期 6 年的考核周期。

聘任路径为 C 类和 D 类的发展方向是副教授或教授，两类均是终身教职岗位，多数时候是通过高级猎头的方式进行招聘。途径 C 的招聘对象是具备国际领军潜质的科学家，途径 D 的招聘对象是国家领军科学家，C 类和 D 类的聘任/晋升除要符合 A 类的基本要求外，还要具有杰出的科学成就、较高的国际学术声誉或者工业、医药、管理以及商

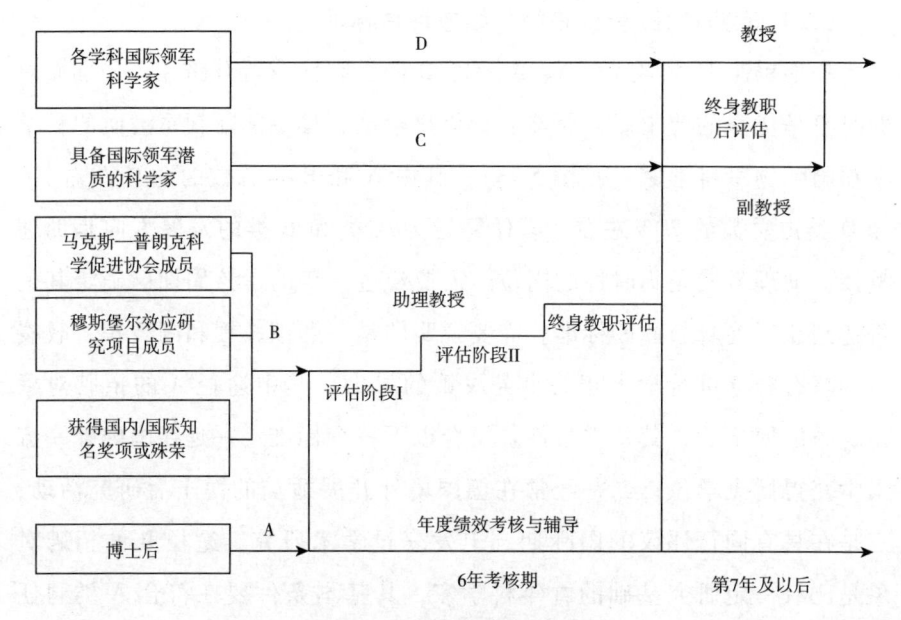

图 5-3 教师聘任和晋升路径

资料来源：根据公开资料整理而得。

业等领域的丰富实践经验；此外，一般还要求独立主持过诸如欧洲研究理事会（European Research Council，ERC）、德国科学基金会（Deutsche Forschungsgemeinschaft，DFG）、亚历山大·冯·洪堡基金会（Alexander von Humboldt Foundation，AvH）以及德国联邦教育与研究部（BMBF）等机构的重大科研项目。

参考国际通行的评价标准，慕尼黑工业大学制定了较为系统的绩效考核标准，主要分为研究与发展、学术性教学以及学术性参与三个维度（见表5-1），其中研究与发展包括学术论文、科研项目、学术传承与创新、国际声誉、技术专利5个参考指标；学术性教学包括教学参与/投入、教学质量、教学成果、教学创新4个参考指标；学术性参与包括学校发展战略、学术共同体建设、促进年轻人才成长3个参考指标。绩效考核标准仅是提供给各院、研究中心的参考框架，各院系可以再根据自己的实际情况，制定相应的详细标准，但一般不得低于学校规定的标准。慕尼黑工业大学针对不同发展阶段的教师制定了各具特色的绩效评估体系，主要分为晋升终身教职/副教授评估、晋升教授评估以及终身教职后绩效监控三个组成部分。

表 5-1 绩效评估标准基本框架

维度	参考指标	具体阐释
研究与发展	学术论文	在同行评审的期刊和重要国际会议上发表文章
	科研项目	（1）在项目竞争过程中筹集到外部资金；（2）主持或参与国际/国家跨学科研究
	学术传承与创新	（1）与国际同行相比，学术研究工作具有独创性和创新性；（2）与国际同行相比，学术发展具有较大的潜力；（3）开发新的概念或学术方法；（4）支持年轻科学家，例如，成功培养博士生和博士后或促进毕业生的职业生涯发展
	国际声誉	国际大会口头报告、国际奖项/奖励、国际学术职位等
	技术专利	专利申请与授予、专利的商业化、专利技术转让等
学术性教学	教学参与/投入	（1）设计和实施包括本科、硕士和博士的各类教学单元/模块，包括讲座、研讨会、实用课程等；（2）主办国际热点研究问题的公开讲座；（3）学期课程论文或学位论文的监督与辅导（4）参加教学培训活动；（5）组织或参与教学方法和教育研究国际会议
	教学质量	学生的学期评价报告、系主任的整体评价、专家的专业教学评论等
	教学成果	国际/国家级教学奖项或奖励
	教学创新	（1）开发/引入新的教学内容、理念、模式；（2）编写教科书、专著
学术性参与	学校发展战略	（1）主持或参与大学委员会或董事会；（2）积极参与大学校院两级管理；（3）担任关注女性的代表或监察员；（4）对学校、院系、各类研究中心的实用建议与实际贡献；（5）积极支持与参与学校的国际化战略；（6）在拓展区域产业伙伴关系中发挥积极作用；（7）促进性别平等和多样性
	学术共同体建设	（1）积极参与各类基金会或商业机构的科学促进或研究项目；（2）主持或参与国际、国家级各类学术委员会或理事会；（3）担任同行评议的国际期刊主编、副主编、编委或编辑；（4）担任时政评论员；（5）担任各类科学院、学术咨询委员会或研究资助委员会的成员；（6）与国内、国际各类学术知名机构保持深度接触；（7）担任公共政策咨询机构的政策制定负责人或成员
	促进年轻人才成长	（1）在终身教职制度中发挥作用，指导下一代青年科学家的成长；（2）协助研究生院，采取切实可行的措施支持博士生和博士后的发展；（3）支持学院培养学生科学兴趣的学术活动；（4）支持学校合作伙伴、研究中心以及暑期学校开办的数学、计算机科学、科学技术等学习课程

资料来源：根据公开资料整理而得。

晋升终身教职/副教授评估的基本先决条件是以国际一流研究人员为基准，在研究和开发领域表现优异，在学术性教学和学术性参与方面表现非常出色，并明显超出平均水平。具体来说，晋升终身教职/副教授评估一般在入职6年后展开，必须在研究与发展、学术性教学以及学术性参与三个维度达到特定的标准（见表5-2）。标准细则中还对候选人晋升的否决条件进行了规定：（1）不能证实他们对年轻科学家进行了有效支持；（2）不能证明他们在同行评议的期刊上发表了三篇及以上文章或做出重大贡献，或不能证明其在本学科出版了具有较高学术公信力的出版物；（3）在竞争过程中没有获得基金项目，或筹集到足够数量的研究资金；（4）没有在课程教学中定期更新本学科的科学前沿知识；（5）不能充分展示具备晋升终身教职/副教授的学术潜质。上述条件任何一条未能达到，一般便直接否决候选人的晋升终身教职/副教授申请。同样，对于直接聘任的具备国际领军潜质的科学家也应该达到此项标准。

晋升教授评估的基本先决条件是以国际一流研究人员为基准，在研究和发展领域表现卓越，在学术性教学和学术性参与方面表现非常出色，并大幅超出国际平均水平。具体来说，晋升教授评估一般在获得终身教职3年后进行，研究与发展、学术性教学以及学术性参与三个维度在终身教职要求的基础上进一步增加了要求（见表5-2）。标准细则中同样对候选人晋升的否决条件进行了规定：（1）由于缺乏新的方法或概念以及工作中缺乏创造性，对本学科的发展没有显著的贡献；（2）在同行评议的学术期刊或公认的出版物上，缺乏定期发表的文章或著作；（3）对青年科学家缺乏有效的支持，例如，监督博士生和博士后的培养质量；（4）在竞争过程中没有获得级别较高的基金项目，或筹集到足够数量的研究资金；（5）没有积极参与到学校发展战略、学术共同体建设以及促进年轻人才成长等。与终身教职晋升相同，上述条件任何一条未能达到，一般便直接否决候选人的教授晋升申请。同样，对于直接聘任的国际领军科学家也应该达到此项标准。

除晋升终身教职/副教授评估和晋升教授评估之外，慕尼黑工业大学还创立了独具特色的针对全体副教授和教授的终身教职后绩效监控，当然这种绩效监控是以不伤害终身教职人员的学术自由为基本前提。对终身教职后绩效监控采用的是基于国际标杆的方法，对终身教职人员近5年在研究与发展、学术性教学以及学术性参与三个维度的表现进行综合评价（见表5-2）。综合评价后的结果直接关系着被评议者能否获得新一轮的研究项目资助；并且可能与未来的绩效奖金相挂钩；其中对于副教授来说，评估结果还关系其能否顺利晋升到教授。

表5-2 不同阶段教师绩效评估重点

评估阶段	评估时间	评估维度	重点关注
晋升终身教职/副教授	入职6年后	研究与发展	在国际学术同行的基准基础上（下同） （1）候选人工作的独创性/创造性； （2）学术著作/文章的质量； （3）对年轻科学家的支持； （4）候选人的学术发展潜质
		学术性教学	（1）教学质量考核； （2）课程设计与实施过程中的创造力
		学术性参与	（1）各类学术性活动的参与程度； （3）跨学科研究中取得的成效
晋升教授	终身教职晋升3年后	研究与发展	满足终身教职要求的基础上，要具有较高的国际声誉和知名度，例如，科学界的领导能力
		学术性教学	满足终身教职的要求即可
		学术性参与	满足终身教职的要求基础上，具有卓越的领导力
终身教职后绩效监控	每5年一个周期	综合性评估	基于国际标杆的方法，对终身教职人员近5年在研究与发展、学术性教学以及学术性参与三个维度的表现进行综合评价

资料来源：TUM. Evaluation und Auf-stieg im Be-rufungs-und Kar-rie-re-system, 2022-03-22. https://www.tum.de/die-tum/arbeiten-an-der-tum/berufungen/evaluation-aufstieg.

（三）教师绩效辅导与支持

为有效帮助教师完成职业生涯中的教职晋升，慕尼黑工业大学建立较为完善的、多样化的教师绩效辅导与支持制度。绩效辅导与支持的主要对象是新入职的助理教授群体。除院系终身教职教师的个体协助之外,慕尼黑工业大学专门成立终身教职委员会(Tenure Track Academy)来提供较为专业的辅导与支持。具体来看,终身教职委员会主要提供六个方面的辅导与支持:一是为新入职的助理教授举办为期两天的终身教职制度学习班,此外,还会举办内容丰富的研讨会,具体包括慕尼黑工业大学的整体运作、终身教职制度的申请程度与基本标准、组建实验室、课堂教学期许以及自身需求评估等。二是举办科学管理研讨会,介绍德国和欧洲研究资助系统。三是获取指导团队的各种支持。四是与新入职的其他助理教授搭建沟通桥梁。五是召开年度终身教职追踪与评估会议,邀请表现优异的助理教授、副教授以及教授分享自己的经验;同时也会邀请其他国家战略合作伙伴的终身教职成员分享经验。六是与学校其他部门相配合,提供多种服务与支持。

除终身教职委员会提供的专业辅导与支持之外,慕尼黑工业大学还提供了形式多样的其他职业生涯支持措施。慕尼黑工业大学确立了成为德国最具家庭友好的技术大学的战略目标。首先,终身教职时间考核周期可以适当延长或中断。考虑到青年科学家在巨大的研究、教学和行政压力下还要组建家庭和计划生育,新入职的助理教授可以申请延长考核周期,从6年延长至最高9年;或者可以申请中断考核,一般为1~2年时间,至多可以申请两次。延期或中断申请由院长提交给校长批准后,开始生效。此外,家庭中如有年龄较小的孩子需要抚养或者家庭中有残疾或重病的亲人,在院长的批准下可以申请减少一个学期的教学工作量以减轻负担。此外,学校还提供人际网络构建培训、住房与搬迁咨询、假期陪护以及家属照顾等多种人性化的拓展服务措施,以确保青年教职人员身心能有效投入工作之中。

其次,为有效增加精英女性科学家的数量,慕尼黑工业大学规定:教师搜寻与评估委员会提交的候选人名单中,至少要包括1/3的女性候选人;同时,在安娜—博克森多样性研究中心(Anna Bouksen Diversity Research Center)的协助下,制定更加友好、明晰的评估标准来吸引全球范围内的优秀女性候选人。为了增强对两性问题的认识,所有助理教授、终身教职副教授/教授、教师搜寻和评估委员会成员、教师聘任与晋升委员会成员以及学校中高层管理人员都必须参加两性主题的培训。同时,教师搜寻和评估委员会、教师聘任与晋升委员会成员在搜寻、评估、聘任以及晋升工作中必须权衡两性问题作为重要的参考标准。

最后,为了帮助青年科学家以更加开放和灵活的方式构建他们的职业生涯,并满足成功职业道路的多种需求,慕尼黑工业大学提供了灵活的教师任期轨道配置。一是建立一个激励性的框架来支持青年教师同时在基础研究、开发工作以及具体应用之间交叉以推动原始创新的研究与发现,进而为企业拓展创新路径,即研究发现—发明·发展—商业化。二是随着科研、教学以及科研管理的日益分化,为了实现教学质量的持续改进,慕尼黑工业大学不仅设立了卓越教学奖、卡尔·冯·林德(Carl von Linde)奖等多种奖励教学的奖项。此外,慕尼黑工业大学规定以教学为重心(教学与科研比重为2:1)的青年教师同样有机会获得终身教职,这个比例约占所有终身教职的10%。以教学为中心的教师教职晋升同样面临着严格的评估与考核,包括发展新的教学方法或概念、撰写教科书和著作、参加国际教学工作或教育研究会议等。按照德国科学与人文理事会(German Council of Science and Humanities)的建议,以教学为中心的教师60%的时间应该用于教学活动,30%用于研究,10%用于学术管理、行政管理任务。因此,以教学为导向的助理教授最初每周有8小时的教学工作量,而以研究为导向的教授每周有5小时的教学工作量。经过终身教职评估后,以教学为中心的副教授和教授的正常教学工作量是学期内每周12小时,以研究为导向的副教授和教授是每周9小时。[①] 为了以教学为中心的教职人员与其他教职人员获得同样的权利与义务,慕尼黑工业大学设计基于绩效的资源分配系统,使教学活动与研究活动得到相同级别的奖励。同时,为确保以教学为中心

---

① TUM. Berufung und Karriere von Professorinnen & Professoren, 2022-03-22, https://www.tum.de/die-tum/arbeiten-an-der-tum/berufungen.

的教职人员的教学技能持续提升，慕尼黑工业大学设计一系列教学技能开发课程，内容包括班级类型的结构、学习过程、用于教学/学习和考试类型的特殊方法学知识、学生的积极整合等。在学校专门机构的支持下，教育研究的最新创新均被纳入这些培训课程（开发教材、新的学习观念等），并应用于各种班级的具体教学之中。

二 领域：学科专业建设、课程体系与教学方式变革

基于创造力系统模型，领域是学生进行创造性活动的基础条件。在领域中，课程和教学则是组织学生在相关的学科专业中进行知识学习与获得的有效工具，具体包括课程目标、课程内容以及教学方式等。换言之，如果没有通过一系列行之有效的学科专业、课程和教学等作为基础来进行知识体系的获取与学习，其结果必然意味着学生创造力的塑造失败。简而言之，学科专业是学生理论学习与实践技能获得的有效载体与平台，课程内容则决定学生理论知识与实践技能获得的侧重点和方向，而教学方式则是学生理论知识内化与实践技能掌握程度的重要影响因素。

（一）以学院和研究中心并行为核心的学科专业建设

作为开放的有机系统，学科专业的形成是外部环境变化密切相关的，其必须与政治体制、经济发展水平与历史文化传统等外部要素高度契合。随着社会经济的不断发展，学科专业的划分已经由中世纪简单的神、法、医、文四类逐渐分化成为庞杂的体系。从现在来看，学科专业已经成为大学科学研究、教育教学、社会服务以及文化传承与创新等职能发挥的基本单元。总的来看，学科专业是根据国家社会经济发展的需要以及大学自身发展的基本规律，把战略、技术、资金、资源以及人员按照一定结构或顺序排列组合而成的，其既有比较稳定的内在核心，也随着外部环境的变化不断演变。因此，学科专业的再造与重塑也就成为历史环境变换中的必然现象。

同样，德国高校学科专业的发展历史也经历了不断分化耦合的过程，具体来说，可以划分成三个发展阶段。首先，14世纪中期至整个

18世纪，与欧洲大多数国家一样，德国大学是以学部制作为基本学术组织单元，其中文学部是"低级"学部，是学生进入神学院、医学院、法学院等"高级"学部的基础。其次，进入19世纪，伴随着洪堡大学办学思想的逐渐加深，研究所和讲座逐渐成为德国大学的基本学术组织单元，在此之上就是学部，在中世纪四个学部的基础之上逐步分化成神学、法学、哲学、医学、自然科学以及社会科学等六个学部，这种学术组织形式一直延续到"一战"之前。最后，自第一次世界大战开始，德国的高校开始向英美等其他国家学习，引进院/系制度，逐步形成以院/系为基本学术组织单元的办学形式。除院系作为基本学术单元外，慕尼黑工业大学还形成了众多较为独立、功能不同的边缘或交叉学科研究中心（邹晓东，2003）。

自19世纪60年末建校，慕尼黑工业大学在很长的一段时间内都是以学部制作为基本学术组织单元，其共包括八大学部：（1）工程学部；（2）机械/技术部；（3）基础学部；（4）建筑学部；（5）化学部；（6）农学部；（7）酿造工艺学部；（8）经济学部，其中农学部、酿造工艺学部和经济学部三个学部是后来新增的。进入20世纪30年代，慕尼黑工业大学逐步推进了学院制的改革，并逐步形成基础科学学院、机械工程学院、结构工程学院、农学院以及酿造技术学院5个学院。此后，随着社会经济发展的需要，逐渐分化成70年代的11学院、90年代的12个学院、21世纪初期的13个学院以及现在的11个学院。

时至今日，慕尼黑工业大学已经发展成为欧洲乃至世界范围内著名的顶尖研究型大学之一，全校共设立11个学院，其中数学学院、物理学院和化学院属于数学与自然科学领域；工程与设计学院、电气与计算机工程学院和信息学院属于工程与建筑领域；生命科学学院、医学院和运动与健康科学学院属于生命与健康科学领域；社会科学与技术学院和管理学院属于社科科学领域。每个学院都下设数量不等的学科专业。除11个学院之外，慕尼黑工业大学逐步建立了大量的功能侧重不同的、形式多样的研究中心，其中以整合性研究中心（Integrative Forschungszentren）

和卓越集群（Exzellenzcluster）两种形式最为重要（见表5-3）。目前，慕尼黑工业大学共有数据科学中心、复合材料、能源与过程工程中心、生物医学工程中心、生物技术与可持续发展中心、机器人与机器智能中心5个整合性研究中心和宇宙起源与结构中心、电子转移中心、量子科学与技术中心和神经系统聚类研究中心4个卓越集群。整合性研究中心和卓越集群都是以推进跨学科建设为目标组建的顶级研究平台，其基本任务在于整合各个院系的优势资源，并与外部合作伙伴展开多种形式的合作，以有效推进跨学科研究，并负有监督教育教学、学生培养等职能。除整合性研究中心和卓越集群外，慕尼黑工业大学还与企业科研机构或其他合作伙伴组建了形式多样的合作研究中心。自此，慕尼黑工业大学形成了以学院和研究中心为基本单元的学术组织模式，学院和研究中处于平行状态，相互补充与支撑，共同促进慕尼黑工业大学科学研究、人才培养和社会服务的持续发展。从本质上来看，由学部制到研究所/讲座制，再到学院制都是伴随着社会经济发展中知识体系不断分化的产物。而今，学院和研究中心成为慕尼黑工业大学学科专业演变进程中的有效载体和组织形式，既是社会经济和科学技术发展到高级阶段的必然产物，也是慕尼黑工业大学自身为应对激烈的国际竞争进行的积极革新。

表5-3 慕尼黑工业大学基本学术组织单元

类型	基本学术单元	备注
学院（11个）	数学学院（Mathematik） 物理学院（Physik） 化学学院（Chemie）	数学与自然科学领域
学院（11个）	工程与设计学院（School of Engineering and Design） 电气与计算机工程学院（Elektrotechnik und Informationstechnik） 信息学院（Informatik）	工程与建筑领域
	生命科学学院（School of Life Sciences） 医学院（Medizin） 运动与健康科学学院（Sport-und Gesundheitswissenschaften）	生命与健康科学领域
	社会科学与技术学院（School of Social Sciences and Technology） 管理学院（School of Management）	社科科学领域

续表

类型		基本学术单元	备注
研究中心	整合性研究中心（5个）	数据科学中心（Data Science Institute） 复合材料、能源与过程工程中心（Institute of Integrated Materials, Energy and Process Engineering） 生物医学工程中心（Institute of Biomedical Engineering） 生物技术与可持续发展中心（Campus Straubing für Biotechnologie und Nachhaltigkeit） 机器人与机器智能中心（Munich School of Robotics and Machine Intelligence）	
	卓越集群（4个）	宇宙起源与结构中心（ORIGINS） 电子转换中心（e-conversion） 量子科学与技术中心（Munich Center for Quantum Science and Technology，MCQST） 神经系统聚类研究中心（Munich Cluster for Systems Neurology，SyNergy）	

资料来源：根据公开资料整理而得。

（二）课程体系与教学方式改革

慕尼黑工业大学在设计本科生的课程体系时，并未严格区分理论导向和实践导向，而是注重各学科的基础知识传授，并且非常强调实践能力的培养。总的来看，在本科阶段侧重的是综合性知识的学习，因此其专业并未划分太细致，仅有 48 个本科专业。在获得学士学位之后，可以选择继续攻读硕士学位。进入硕士阶段，随着专业知识体系的分化，其专业划分也走向更加细致，目前有 104 个硕士专业，从而学生需要选择较为具体的研究方向进行学习。慕尼黑工业大学的部分专业设有理论导向型和实践导向型两种不同的培养方向。需要说明的是，在实际培养的过程中，两者的培养难度设置并没有本质差异，而且两者对专业理论知识的学习和工业实践能力的掌握的要求都比较高。

以下通过以电子工程和信息技术的课程设计为例，对慕尼黑工业大学的课程设计理念进行系统分析。电子工程和信息技术本科基本学制为 6 个学期，前四个学期是必修模块的课程学习，在通过前两个学期的学习阶段后，要进行一场专业的考试以证明学生确实掌握了该专业所必备的基础知识，同时为学生未来的发展指明方向；如果考试未通过，则需要补考、换专业甚至是退学。最后两个学期是选修模块的学习，主要为了增强学生的个人兴趣和能力，同时为能够进入硕士阶段学习的学生做好铺垫。另外，需要在这两个学期获得足够工程实践经验和软技能，并完成学士毕业论文。具体分析来看，慕尼黑工业大学的本科课程设计主要呈现以下特点：一是从教学形式来开，讲座为主，练习为辅，而实践一般在第 5 和 6 学期单独进行。二是从学时分配来看，自学与课上学习的时间基本持平，说明慕尼黑工业大学非常注重发掘学生的自学能力和学习兴趣。三是从学习内容的学期分布来看，前四个学期主要包括电子工程（21 个 ECTS 学分）、数学（32 个 ECTS 学分）、物理（24 个 ECTS 学分）、计算机工程（17 个 ECTS 学分）和信号与系统领域（26 个 ECTS 学分）5 个领域基础知识的学习，共计 120 个 ECTS 学分；后 2 个学期主要包括工程实践（12 个 ECTS 学分）、软技能（6 个 ECTS 学分）、选修模块（30 个 ECTS 学分）以及学士毕业论文（12 个 ECTS 学分），共计 60 个 ECTS 学分（见表 5-4）。

表 5-4　电子工程和信息技术本科课程设计

课程编号	课程名称	ECTS 学分	学时（自学/课上）	教学形式：讲座/练习/实践
第 1 学期：基础和入学考试必修单元					
EI00110	计算机技术与编程	6	180（75/105）	2/3/2
EI00120	数字技术	5	150（75/75）	3/2/0
EI00130	电路原理	6	180（90/90）	4/2/0
MA9409	线性代数	7	210（120/90）	4/2/0
MA9411	数学分析 1	6	180（90/90）	4/2/0
第 2 学期：基础和入学考试必修单元					
课程编号	课程名称	ECTS 学分	学时（自学/课上）	教学形式：讲座/练习/实践
EI00210	电和磁	5	150（75/75）	3/2/0
EI00220	系统理论	6	180（90/90）	3/2/1
IN8009	算法和数据结构	6	180（90/90）	4/2/0
MA9412	数学分析 2	7	210（120/90）	4/2/0
PH9009	物理学	6	180（45/135）	4/2/0

续表

第 3 学期：学士学位考试必考单元

课程编号	课程名称	ECTS 学分	学时（自学/课上）	教学形式：讲座/练习/实践
EI00310	电磁场理论	6	180（90/90）	4/2/0
EI00320	固态、半导体和元件物理	7	210（105/105）	5/2/0
EI00330	信号理论	5	150（75/75）	3/2/0
EI00340	随机信号	5	150（75/75）	3/2/0
MA9413	数学分析 3	7	210（120/90）	4/2/0

第 4 学期：学士学位考试必考单元和选修课程

课程编号	课程名称	ECTS 学分	学时（自学/课上）	教学形式：讲座/练习/实践
EI00410	电力工程	5	150（75/75）	3/2/0
EI00420	电子电路	5	150（75/75）	3/2/0
EI00430	测量系统和传感器技术	5	150（75/75）	2/2/1
EI00440	通讯设备	5	150（75/75）	3/2/0
EI00450	控制系统	5	150（75/75）	3/2/0
EI0310	离散数学	5	150（75/75）	3/2/0
MA9410	数值数学	5	150（75/75）	3/1/1

第 5、6 学期：高级选修课程

第 5、6 学期：跨学科工程领域的选修模块

资料来源：TUM. Modulbeschreibungen BSEI, 2022-03-22, https://www.ei.tum.de/studium/bachelor-ei-bsei/modulbeschreibungen-bsei/.

电子工程和信息技术硕士的基本学制为 4 个学期，整个课程体系分为 8 个必修模块和 3 个选修模块。必修课模块可以分为 8 个具体模块：（1）自动化与机器人；（2）生物工程与生命科学；（3）通信工程与信号处理；（4）电磁学、微波工程与测量；（5）电子电路与系统；（6）嵌入式计算机系统；（7）神经工程；（8）电力工程。根据研究方向和学习兴趣，学生必须选择其中的 4 个模块学习，每个模块至少要获得 20 个 ECTS 学分。同时还设有 3 个选修模块，包括实验性课程、与电子工程和信息技术紧密相关的课程、外语或企业管理等能力拓展类课程。其中实验性课程至少要修 5 个 ECTS 学分，至多 15 个 ECTS 学分；与电子工程和信息技术紧密相关的课程至少要修 20 个 ECTS 学分；外语或企业

管理等能力拓展类课程至少要修 5 个 ECTS 学分。具体分析来看，慕尼黑工业大学的硕士课程设计主要呈现以下特点：一是对于教学形式来说，讲座和练习是必修模块主要的课程形式，实践只是必修模块课程形式的有益补充。对于选修模块来说，实验性课程主要在实验室和企业进行，主要的课程教学形式就是实践，此外还有少量的讲座；与电子工程和信息技术紧密相关的选修课程与必修模块的课程教学形式基本一致；外语或企业管理等能力拓展类课程的课程教学形式基本以讲座为主。二是从研究能力培养来看，电子工程和信息技术旨在培养 9 个维度学生的核心能力，不同的模块和课程侧重培养的能力是有所不同的。9 个维度学生的能力包括：（1）电子电路和系统设计；（2）电磁传感器和测量系统；（3）用于生命科学的电子产品开发；（4）电子、光电和混合设备；（5）嵌入式和网络物理系统；（6）通信技术；（7）神经工程；（8）未来的动力系统；（9）机器人、自主性和交互性。三是从课程分布来看，主要分布在冬季学期，冬季学期占课程数量总数的 60% 左右，其主要是为了学生在夏季学期有充足的时间从事工业实践。[1]

上面分析中提到的讲座、练习、实践是慕尼黑工业大学三种最为重要的教学形式。首先，讲座是德国大学最常用的教学形式，几十年来一直是大学教学的核心工具。虽然从现代教学和教育研究的视角来看，其弊端显而易见，但其在现代大学教学中仍然具有无可比拟的特殊优势。其次，练习强调根据讲座的理论知识，学生应该学习如何使用讲座中的理论知识来解决具体问题。最后，实践的形式多种多样，范围从受监督的实验室实习到大部分独立进行的商业实习，但所有的形式都有一个共性特征：学生有机会学习实用技能和得到训练。由于实习的范围非常广泛，我们很难确定完美的实习应该是什么样子。但无论是在校内还是校外，是在国内还是国外，实习的最终目标在于提升学生独立解决各种实际问题的技能。

---

[1] TUM. Masterstudiengang Elektrotechnik und Informationstechnik，2022－03－22，https：//www.ei.tum.de/studium/master-ei-msei/.

除以上三种最为常用的教学模式外，电子学习工具、经验方法、网上课程、研讨会、教程等其他教学方式的地位与应用也在迅速增加，它们共同构成了慕尼黑工业大学的基本教学形式框架体系。第一，电子学习工具，网络学习非常适合各种各样的大学教学环境，工具选择将取决于教学设置、目标群体、个人喜好和教学风格等因素。电子学习工具通常是指范围广泛的电子媒体框架，可以包括数字课堂讲稿和讲义、电子测试和电子邮件，以及诸如基于网络的论坛和维基之类的协作软件。在课程中巧妙地运用这些电子工具组合能够使课程更加生动，可以作为教学工具的有效补充。目前慕尼黑工业大学应用较为广泛的标准电子工具主要包括：数字演示、动画、模拟和视频、电子投票、视频会议、在线讲义、幻灯片演示、网络链接、电子测试、网上论坛、维基、电子邮件及列表、聊天记录、讲座录音、虚拟教室和学习平台等。

第二，经验方法，在传统学术教学中，通常是以单一的讲授方式传达内容，使学习者能够在课堂中产生新知识或加深现有知识；而复杂现实中的实际应用通常留给实习，或者在极端情况下留给后来的专业活动。随着以经验为导向的元素在教学中的运用，其显著提高了学生的学习动机和理解力。经验方法是指借助科学仪器或者人的感觉了解科学现象的方法。经验方法的地位在自然科学中至关重要，它是科学发现、科学验证以及形成假说的重要方式，主要包括实验法和观察法两种方法。但是仅靠经验方法的局限也是明显的，它无法形成对事物整体的、全面的以及本质性的理性认识，仅是对事物表征的、局部的感性认识。因此，经验方法必须与其他教学方法配合使用才能充分发挥其作用。

第三，网上课程，根据教师的教育背景、目标群体、个人偏好和教学风格，可以很好地适应各种教学场景。目前，基于网络培训的三种网上课程基本变体在大学教学中已经普及，即丰富的、集成的和虚拟的学习模型。丰富的学习模型为学生提供一系列的辅助学生完成面对面教学的网上资源，如数字课程笔记、幻灯片展示、讲义、课程回顾和准备练习，甚至是基于网络的交流平台。通过集成的学习模型，面对面课程可以与在线课程交替进行，旨在提供两全其美的服务。在这种情况下，基于网络和现场的研讨会可以在一定的时间段内间隔轮换，例如每周一次。在这种情况下，课堂环节可能仍然是教授课程内容的主要方式，在线学习穿插其中，在随后的课堂研讨会期间进行审查和评估在线学习的实际效果。或者，学生可以通过自学，使用在线资源而不是参加现场讲课来学习课程内容。在另一个场景中，现场研讨会完全被基于网络的培训所取代，即虚拟学习。虚拟学习模型包括许多在线课程类型，例如自学单元、MOOC或在线研讨会等。在以传统校园教学为中心的高等教育机构中，这种学习模式并不能占据主导，而仅仅是补充，其通过提供补充在线资料以及特定机构无法提供的课程来最大限度地提高灵活性。

第四，研讨会形式多种多样，根据具体目标的不同，所选择的方法和内容也就不同。但是，绝大多数研讨会也存在共同点：在依赖于各自研究领域的基础上，进行特定主题或内容的集中讨论。2005年，德国大学校长举办的系列研讨会成为一个典型的案例，其人数一般维持在15~30人。研讨会的形式带来的好处无疑是明显的，首先，它促使教师的角色从知识传授者变为促进者和指导者，学习者和教师之间的互动更加密集，可以有效提高学生的学习热情。其次，它促进了学生的自我责任，其可以有效增强学生独立开展科学研究工作或解决实际问题的能力。最后，由于大部分研讨会都是通过分组形式完成的，学生在研究讨论的过程中也可以逐步增强自身的团队协作能力和社交能力。

第五，教程，讲座—练习—教程实际上组成一个连贯的有机系统，教程成为整个系统的最后一个环节，学生不仅要学习理解解决方案，还要学会自己解决任务。教程的最核心目标就在于：你要解决问题，你必须自己动手。学生的导师在教程的设计中扮演着重要的角色，他们在对学生的了解方面有着无可比拟的优势，这使他们更好地了解学生的任务问题并更容易接触学生，因为课程中的辅导练习几乎是不可或缺的。因此，持续的质量控制在教程设计中也是不可或缺的，对此较为有用的是引入教学评估和对学生导师开展专业培训。让学生积极参与教程的方法是将整个小组划分为子小组，然后分组负责共同的任务。通过这样做，学生不仅可以学习如何自己解决任务，还可以在团队工作中对挫折感产生宽容，因为通常不可能立即解决任务问题。总的来看，讲座、练习和教程三者只有相互配合，相互协调，才能实现"1+1>2"的效果。

为有效促进课程目标的实现，慕尼黑工业大学制定了一整套以结果和技能为基础的教学基本指导框架。基于结果的教学和基于技能的教学是慕尼黑工业大学在教学过程中必须遵守的基本原则[①]，其被认为是现代高等教育的"基石"。

首先，基于成果的教学反映了从教学到学习的思维转变，即从"我想传达的内容是什么"到"学生应达到的目标是什么"。这一观点的转变是极为重要的，因为学习不是教学自动产生的；相反，两者有着复杂的相互关系。通过专注于学习过程而不是教学程序，学术指导可以变得更加有效。当代高等教育研究表明，"知识转移"的隐喻不能描述成功教学中涉及的复杂过程；引述苏格拉底（Socrates）的一句话对当前教育研究的总结可能更恰当：教育是火焰的点燃，而不是容器的填充。通过新的基于结果的教学方法，高等教育的重点已经从编写课程内容或微调教学技术转变为明确学生期望实现的目标。因此，有效的教学可以说是由一系列良好的推动力组成，这些推动力加强了学生的自学努力，以达到理想的学习成果。具体来说，根据学生的先前专业水平和学习成果的难度，面对面教学可能并不总是代表最有效的推动力。更有用的方法可能是密切监控学生的知识水平，以便不断根据当前的要求调整课程内容。此外，基于结果的考试是提高透明度和激励学生在明确目标的基础上独立解决自学问题的有效手段。因此，明确的学习成果构成了高等教育的基本规划和控制工具。从长远来看，博洛尼亚进程呼吁的"从教学转向学习"的理念将带来教育风格发生根本性的变化，对学习

---

① TUM. Lehre gestalten, 2022 - 03 - 22, https：//www.tum.de/studium/lehre/didaktik/lehre-gestalten.

成果的关注对教师和学生都提出了前所未有的要求。然而，如果双方能够采取积极有效的措施来提升学习成果，那么将会产生更大的开放性和创造性，进而教学和学习将更加有趣。

其次，基于技能的教学表示一系列旨在减少传授给学生"惰性"信息的策略。慕尼黑工业大学的毕业生应该能够将自己的知识转化为行动，这要求将事实经验、价值判断和熟练程度整合到他们的个人技能中；此外，他们应该能够在复杂的情况下运用这些能力。"惰性"信息是指在精神上同化的理论知识但未在实践中予以实施。在课程学习中，学生会收集大量的抽象信息，其中大部分信息与实践技能和能力无直接关系；此外，传统的考试形式通常会强化这种倾向。为了抵消这种影响，教学人员越来越多地希望采用基于技能的教学方式，在教学中更加注重能力培训，而不仅仅是传播知识。这并不意味着专业知识和实践技能应相互对立；直到今天，理论知识的坚实基础仍然是获得技能的主要先决条件，有时甚至只能通过死记硬背来建立。但是技能在行动中是最好的，因此只能在有限的程度上教授。为了支持技能获取，大学培养计划必须提供实验室式的实践场所，以便将能力有效应用于解决实际问题。此外，在相互尊重的基础上专家诚实地提供反馈对于巩固学生新获得的能力至关重要。此时，学生可以将他们被动吸收的事实知识转化为可以分析和反思的事实经验，从而有效提高学生的独立思考能力和解决实际问题的能力。

为有效推进基于结果和技能的有效教学，慕尼黑工业大学列举了一系列教师有效教学的成功因素：

- 良好的教学意味着要发展自己独具特色的教学风格；
- 保持并增强您对教学的热情；
- 激发学生对自己学习领域的热情；
- 从毕业生的角度定义学习成果；
- 协调自身的目标、课程和考试，以获得最佳结果；
- 培养学生的批判性思维和积极参与课程建设；

- 通过多媒体工具使得您的课程素材更加生动；
- 激发学生在课堂外的奉献精神；
- 拥抱多样性。

总的来看，在全球化背景下，慕尼黑工业大学课程和教学改革的最终目标体现在两个层面。其一，从院校发展层面看，改革的目标在于增加学生按时毕业率的比例，减少学生延迟毕业或辍学率的比例；为教师和学生创造教学相宜的友好学习环境；打造学校品牌，有效提升学校的竞争力。其二，从学习层面看，改革的目标旨在实现学习方式的转变，提升学生的自主学习能力；通过多种形式或手段激发学生的学习动力；增强学生进行深度学习进而提升其批判性思维；增加跨学科课程和知识的设置以有效增强学生的综合性能力。

三　个体：独具特色的人才培养模式

个体既是影响创造力形成至关重要的因素，也是进行各种创造性活动的能动主体，而个体创造力形成所需要的基本知识和技能很大程度依赖于各大学独具特色的人才培养模式来获得。总的来看，慕尼黑工业大学强调理论与实践并重，注重人才培养的个性化与实用性，同时注重将外部资源引进到人才培养过程中以实现内部改革与外部资源的有机结合，从而展示了慕尼黑工业大学独具特色的人才培养模式的丰硕图景。本书从入学、培养以及就业三个阶段对慕尼黑工业大学的人才培养模式进行深度解析。

（一）入学阶段：引入能力倾向评估/推荐，实现学科专业与学生选择的精准匹配

严格的学术和技能训练固然是德国大学人才培养的重要传统与宝贵经验，但随着社会发展的日益复杂多元，社会公众越来越期望在严格的培养过程中同样能够促进学生的个性发展，以及增强学生的批判性思维和社会责任感。因此，慕尼黑工业大学从学生入学开始就引入能力倾向评估以有效回应社会的这种期望。简单来说，慕尼黑工业大学不仅希望能够招到综合素质非常优秀的生源，还希望学生从入学起就可以实现学校或专业的选择能与学生的个人爱好、个性发展以及未来的职业发展实现"精准"匹配。能力倾向评估是慕尼黑工业大学在1998年开始实践探索的，该评估基于学生自身的兴趣和禀赋来确定其最适合学习哪些专业。能力倾向评估面向学士学位和硕士学位申请者两种群体，其中需要进行能力倾向评估的本科专业共有20个；所有的硕士专业都要进行能力倾向评估才能入学。除能力倾向评估外，还有部分本科专业实行能力倾向推荐，两者最大的不同之处是，能力倾向评估是强制性的，未通过评估的候选人不能进入相关专业就读；而能力倾向推荐是非强制性的，未通过推荐的候选人如果就读该专业意愿强烈，依旧可以选择该专业就读（见表5-5）。同时为了增强学生选择的针对性和合适性，慕尼黑工业大学还成立专门机构负责提供能力倾向咨询服务以帮助学生找到适合自身能力和兴趣的专业。

面向本科的能力倾向评估/推荐主要分为2~3个环节：一是在线提交申请后，申请人将自动收到必须在截止日期前提交的文件清单。某些文件是强制性的，包括：大学入学基本资格（考试成绩）、简历、申请信和健康保险证明。二是学校使用积分系统评价申请人的成绩平均分数和特定科目成绩。哪些成绩被评估以及如何被加权取决于申请人的选择学位计划。根据累计积分，申请者的结果分为三种：录取、待定和拒绝。结果为待定的候选人进入第三个环节，会被申请院系邀请参加20分钟的现场面试，以考察候选人是否具备完成预定课程的基本能力，无须笔试。研究生入学的能力倾向评估与本科入学的程序基本一致，其中本科期间学位课程成绩是重要的参考与评价标准；此外，申请机械工程专业的学生还需参加笔试。慕尼黑工业大学前校长赫尔曼（Wolfgang A. Herrmann）认为一所顶尖的研究型大学必须努力发展自己的学术卓越与教学特色，但与此同时选择合适的学生来传承这项事业则更为关键。能力倾向评估政策实施之前，慕尼黑工业大学各专业有20%~50%的学生选择放弃原先的专业；实施之后，学生要求转换专业甚至退学的比例大幅下降。与此同时，学生对专业的认同感以及学习兴趣显著增强，进而不断提高慕尼黑工业大学对优质生源的吸引力和学生就业的市场竞争力。

表5-5　能力倾向评估面向的本科/硕士专业

学历层次	学科专业	开设学院
面向学士学位申请者的能力倾向评估（20个专业）	航空航天	工程与设计学院
	农业和园艺科学	生命科学学院
	建筑学	工程与设计学院
	生物化学	化学院
	生物信息学	信息学院
	化学工程	化学院
	工程科学	工程与设计学院
	健康科学	运动与健康科学学院
	信息学	信息学院
	信息学：游戏工程	信息学院
	信息工程	信息学院
	信息系统	信息学院
	风景园林与景观规划	生命科学学院
	营养学	生命科学学院
	管理与技术	管理学院
	机械工程	工程与设计学院
	分子生物技术	生命科学学院
	政治科学	社会科学与技术学院
	运动科学	运动与健康科学学院
	可持续管理与技术	管理学院
面向学士学位申请者的能力倾向推荐	生物学	生命科学学院
	化学	化学院
	食品化学	化学院
	数学	数学学院
面向硕士学位申请者的能力倾向评估	所有专业	所有学院

资料来源：根据公开资料整理而得。

（二）培养阶段：与大学/科研机构/企业进行深度合作，注重培养学生的跨学科能力

随着现代社会发展的日益复杂多元，企业对复合型、实用型人才的需求愈多，标准愈高。因此，必须切实提高学生的跨学科能力以培养学生在真实环境中解决复杂实际问题的能力，这必然要求学校和企业开展多种形式的深度合作。作为德国顶尖的研究型大学，慕尼黑工业大学与欧洲乃至世界范围内的著名大学、科研机构和企业都保持紧密的联系。目前，慕尼黑工业大学与各类合作伙伴每年签署的合作协议都超过1000项。同时为保障双/多方的合作共赢和长远发展，慕尼黑工业大学制定了一整套完善的合作基本原则和技术转让准则。以2006年成立的科学与工程国际研究生院（International Graduate School of Science and Engineering，IGSSE）为例，其作为慕尼黑工业大学研究生院的组成部分，同时也是连接各学院和国际研究合作伙伴的重要枢纽。

科学与工程国际研究生院（IGSSE）是德国"卓越倡议"计划2006年和2012年的两次入选者，其致力于在不同院系、科研机构、企业以及其他著名高校之间建立良好的合作关系，从而打破院系之间的壁垒和传统学科之间的束缚，实现各学科前沿知识的有效交叉与融合；同时将追求学术卓越与高质量的研究生教育相结合，有效推动跨学科、高质量研究生人才的培养。[1] 该研究生院针对不同研究领域组建大量的多方合作研究团队/小组来推动学校内部院系之间，与外部高校、企业、科研机构之间的合作，根据研究方向的不同，分为自然科学、工程与技术、医学和健康科学、农业和社会科学五个领域，每个领域又划分为不同的研究方向，各研究方向又下设数量不等的研究小组，其中自然科学领域划分为数学、计算机与信息科学、物理科学、化学科学、地球及相关环境科学和生物科学6个研究方向；工程与技术领域划分为土木工程、电子、电气和信息工程、机械工程、化学工程、材料工程、医学工

---

[1] TUM. International Graduate School of Science and Engineering，2022-03-22，https：//www.igsse.gs.tum.de/index.php?id=5.

程、环境工程、工业生物技术和纳米技术9个研究方向；医学与健康科学领域划分为基础医学、临床医学、健康科学和卫生生物技术4个研究方向；农业领域仅有农、林、渔业1个研究方向；社会科学领域划分为社会与经济、地理2个研究方向。

除与其他高校、科研机构以及企业展开多种形式的合作之外，科学与工程国际研究生院（IGSSE）追求科学研究与高质量的人才培养（特别是博士生）有机结合，以有效培养学生的跨学科能力。具体来看，IGSSE最大的特色是通过自然科学、工程与技术、医学和健康科学、农业和社会科学等领域的研究项目来推动高质量的研究生教育与训练。IGSSE的研究生培养主要通过IGSSE资格计划（IGSSE Qualification Program）来进行，通过遴选的研究生可以得到国际交流、跨学科能力、科学网络的发展以及学术界以外的科学参与等在未来的学术界和企业所需的知识和技能的训练。具体来看，IGSSE将研究生的课程和教学有效融入研究之中，即研究训练项目，主要包括学科相关训练（Discipline Related Training，DRT）、科学研究技能训练（Scientific Research Skills Training，SRST）、国际和企业交流训练（International and Corporate Communication Training，ICCT）和软技能训练（Soft Skills Training，SST）四个重点领域的课程、研讨会、独立工作所组成的项目模块之中。研究生们需要参加到项目的各个模块的课程，最后的学分是根据参加DRT、SRST、ICCT、SST的课程课时量来计算的，每个领域至少要获得5学分（其中SST不少于9学分，ICCT不少于15学分），最多20个学分。最终获得不少于50个学分就可以顺利达到获得学位证书的基本资格。除研究训练项目外，IGSSE还通过推荐研究生到国外知名大学或科研机构从事科学研究、举办跨学科性质的学术论坛、组织特定主题的工作坊，开展公众科学开放日等多种途径来有效提升研究生的人才培养质量。

（三）培养阶段：积极拓展全球合作伙伴网络，培养学生的全球化视野与技能

慕尼黑工业大学的管理者认为，没有任何一所大学或国家能够掌

握当今的科学挑战，必须与世界各地的合作大学保持密切合作，积极参与国际网络。因此，慕尼黑工业大学通过参与欧洲科技大学联盟（EuroTech）和全球科技大学联盟（GlobalTech）等战略联盟组织，共同制定联合研究战略，以应对未来的大趋势。目前，慕尼黑工业大学与欧洲300多所参与伊拉斯谟+计划的大学签订了合作协议或意向，在院系层面也达成了众多合作协议，并在全球范围内拥有160多个合作伙伴关系。这些合作关系促进了科学家、学生和大学管理层之间的密切合作。根据合作伙伴关系关注的重点，慕尼黑工业大学与合作伙伴就联合研究活动、国际交流计划以及大学政策制定举措三个方面达成一致。参与者可以从持续的专业知识转移、跨文化研究和教育视野中受益。作为国际网络的重要成员，慕尼黑工业大学使用最高国际标准作为其科学、结构和组织的基准，包括参加 EAIE、EUA、TU9 等学术组织，以及加入 GlobalTech、EuroTech 等大学战略联盟。同时慕尼黑工业大学也是以学生流动为重点的各种国际网络的成员，并且提供联合学习计划，如 T. I. M. E.、ATHENS 或 Magalhães Network 等（见表 5-6）。

表 5-6　慕尼黑工业大学的全球合作伙伴网络

国际网络	成员单位数量	功能定位
雅典高教联盟（ATHENS）	15所欧洲顶尖大学组成	为学生提供密集的科学和工程短期课程的网络
欧洲国际教育协会（European Association for International Education, EAIE）	90个国家和地区的近2800会员组成	刺激和促进欧洲和世界各地的高等教育国际化；为学术和非学术专业人士提供应对国际化挑战的最佳实践和可行的解决方案，并提供战略交流平台
欧洲大学协会（European University Association, EUA）	48个欧洲国家的850多所大学和校长群体组成	在博洛尼亚进程中起着至关重要的作用，影响着欧洲各国高等教育、科学研究和创新政策的制定
杜布罗夫尼克大学联盟（Inter-University Center Dubrovnik, IUC）	来自全球170余所大学组成的联盟	通过各种科学领域的项目、研究计划、课程和会议来促进接触和交流

续表

国际网络	成员单位数量	功能定位
马加拉斯网络（Magalhães Network）	欧洲、拉丁美洲和加勒比地区的近40所大学组成	致力于教育信息化、教育研究和科学流动计划
欧洲工程教育协会（Société Européenne pour la Formation d'Ingénieurs, SEFI）	欧洲最大的工程教育网络，由高等教育机构、个人、协会和企业等组成	促进欧洲工程教育的发展和提升，强调工程教育和工程教育专业人才在社会中的需要并加强他们的形象
欧洲顶级国际工程管理者联盟（Top International Managers in Engineering, T.I.M.E.）	25个国家的59所科技大学或工程学院组成	在研究、教学和产业关系方面都具有强大的国际影响力，致力于国际合作、对外交流和对国外学习的认可
TU9联盟（TU9-German Universities of Technology）	德国9所顶尖科技大学组成的联盟	促进工程和自然科学领域的科学研究和人才培养
欧洲科技大学联盟（EuroTech Universities Alliance, EuroTech）	6所一流科技大学组成的联盟	共同致力于寻找解决现代社会重大挑战的技术解决方案，在研究、教育和创新领域的紧密合作支持以实现欧盟实现智慧、可持续和包容性增长的目标
全球科技大学联盟（Global Alliance of Technological Universities, GlobalTech）	欧洲、亚洲、北美洲以及大洋洲4个大洲的8个国家的顶尖科技大学组成的联盟	致力于为解决全球社会，科学和技术问题提供解决方案

资料来源：根据公开资料整理而成。

（四）就业阶段：支持学生的创新创业，努力拓展学生的职业生涯发展渠道

20世纪90年代以来，创新创业教育融入学生的培养过程之中已逐步成为各国研究型大学教育教学改革的共识，特别是麻省理工学院推行"大学—产业—政府"相互融合的创新创业"三螺旋"模式取得的巨大成功（亨利·埃茨科威兹，2009），更进一步加剧了各国高校的改革进程。同时，从国内来看，德国积极推进促进区域创业的EXIST计划，在哈根、耶拿/魏玛、德累斯顿、卡尔斯鲁厄和斯图加特等地区开展创业试点（王森，2002），促进这些区域的大学与当地政府、企业开展多种形式的合作，为大学开展创业计划提供良好的环境和有力的支持。作为欧洲地区率先明确提出向创业型大学转型的高校，慕尼黑工业大学高度重视培养学生的创新创业能力，以期为学生的职业生涯发展奠定坚实基础，其在 2002 年建立了专业的创新创业中心（Unternehmer TUM）专门负责创新创业、商业创造和风险投资等工作。[1] 该中心是欧洲最大的创新创业中心和非营利组织之一，每年有 200 多名员工为超过 2500 人、100 家初创企业和 100 家公司服务。

具体来看，该中心主要在七个方面发挥其作用：一是个人创业扶持，为学生初创企业或已经发展成熟的公司提供新产品或服务开发、建立成功的企业运营模式等方面的个人扶持或系统指导。二是聚焦未来产业，重点推动学生在未来的信息和通信产业、医学工程和清洁技术等领域进行创业。三是创新方法，为了使新的理念和技术成为成功的产品或服务，Unternehmer TUM 致力于推进符合工商业发展实际需求的设计，其结合了设计和战略管理的原则，为识别和实现新的和可持续的业务提供了有针对性的帮助。四是风险投资。Unternehmer TUM 积极拓展工业界伙伴，为具有国际市场潜力的工业技术或智能化领域的新兴创业公司提供风险投资。五是数字化网络枢纽。作为德国 12 个"数字枢纽计划"（Digital Hub Initiative）的入选者之一，Unternehmer TUM 旨在推动多种创业公司向数字化转型以有效提升其市场竞争力。六是人工智能应用倡议。Unternehmer TUM 提出人工智能倡议，广泛汇集人工智能技术公司的企业家和学术界的精英，创造一个独特的环境，以促进人工智能的广泛使用。七是国际性网络。Unternehmer TUM 会帮助有发展潜力的年轻技术公司进入德国和国际市场网络，主要包括专门针对青年企业家的伊拉斯谟+计划、战略合作伙伴、政治枢纽网络以及大学创业类合作项目与实习四类。总的来说，慕尼黑工业大学通过一系列与创新创业相关的计划或项目，有效地提高了学生的创新精神、创新能力和创业途

---

[1] TUM. Unternehmer TUM，2022 - 03 - 22，https：//www. unternehmertum. de/en/about/daten-fakten.

径，为学生未来的职业生涯发展提供了更多的渠道，进而为德国工业经济的持续发展提供不竭动力。

四 三者的互动与协调

在高等教育系统中，个体创造力的形成无疑是场域的教师群体、领域内的学科专业、课程和教学以及个体共同塑造的，三者不断地进行相互协调与博弈，最终推动个体创造力的形成。同样，在慕尼黑工业大学的质量保障体系构建过程中，也是通过领域、场域和个体三者共同的作用，形成了一个不断推进人才培养质量提高的螺旋式上升系统，从而推动其在激烈的国际竞争中保持持续领先。

首先，通过建立包括教师绩效管理主体、教师聘任/晋升路径与评估标准、教师绩效辅导与支持三个维度的以绩效为导向的终身教职制度，并制定以研究与发展、学术性教学以及学术性参与为核心适合教师职业生涯发展不同阶段的评估标准体系，从而为形成高质量的教师队伍奠定基础，进而促进场域中"守门人"能够充分发挥在人才培养质量保障中的坚实后盾作用。

其次，通过以学院和研究中心为核心的学科专业建设、多样化课程体系与教学方式变革，特别是通过跨学科学术组织结构和知识体系的构建，以及一整套以结果和技能为基础的教学基本指导框架来进行增强创新性、综合性人才的培养，极大增强了个体在相关专业领域中的知识体系掌握以及内化程度。

最后，通过入学阶段的引入能力倾向评估/推荐，实现学科专业与学生选择的精准匹配；在培养阶段，与大学/科研机构/企业进行深度合作，注重培养学生的跨学科能力，以及积极拓展全球合作伙伴网络，培养学生的全球化视野与技能；在就业阶段，支持学生的创新创业，努力拓展学生的职业生涯发展渠道等多种方式极大增强学生主动学习知识并加以内化的意愿，经整合与加工之后进而形成一套完善的知识管理系统。在经过场域内的"守门人"——教师认可或重组之后可以进入领域内，从而实现知识体系的不断更新，最终促使学生个体能在相关专业领域内实现突破与创新。

总的来看，场域、领域以及个体三者之间的互动和融合，共同推动了慕尼黑工业大学质量保障体系的系统构建和良性发展。目前，在众多国际排名中，慕尼黑工业大学都取得较大程度的进步，成为欧洲乃至全球范围的顶尖研究型大学。无可置疑，慕尼黑工业大学的一系列改革是相当成功的，值得我国的大学特别是研究型大学借鉴与深思。

第四节 慕尼黑工业大学质量保障体系建构的基本特征

一 建立适合教师职业生涯发展不同阶段的绩效管理体系

根据向创业型大学转型的总体目标，慕尼黑工业大学通过建立多元主体参与的教师绩效管理组织机构系统，制定适合教师职业生涯发展不同阶段的教师聘任/晋升路径与评估标准，并为教师绩效提供较为专业的辅导与支持，从而形成自身独具特色的教师绩效管理体系。具体来看，其基本特征主要包括三个方面：一是充分发挥绩效管理机制在推动教师职业生涯发展中的作用。慕尼黑工业大学将学校的整体战略发展目标与教师的职业生涯发展有效结合。一方面，制定以研究与发展、学术性教学以及学术性参与三个维度为核心的绩效评价标准，作为教师聘任、培训以及考核的重要决策依据，激发教师积极从事科研、教学以及学术相关公共事务的积极性和主动性；另一方面注重将绩效管理视作促进教师职业发展的有效途径，通过有效的绩效辅助、支持以及反馈不断推进研究与发展、学术性教学以及学术性参与，从而实现教师持续的自我完善、自我发展。二是注重将绩效管理的科学性与人性化相结合。慕尼黑工业大学虽然对晋升终身教职/副教授、晋升教授以及终身教职后绩效监控等都制定较为严格的考核标准体系，但其在考核的过程中也充分考虑到教师职业的特殊性，其人性化措施主要包括：终身教职考核周期可以适当延长或中断，有效增加精英女性科学家的数量以追求两性平等以及提供灵活的教师任期轨道配置以增加教师发展的多样性。三是过程管理与结果反馈的有机结合。慕尼黑工业大学制定的绩效管理涉及从教师入职、六年周期的助理教授晋升副教授/终身教职、三年周期的副教授晋升教授以及五年周期的终身教职后绩效监控等教师职业生涯发展的整个过程。在教师职业发展，特别是晋升终身教职的过程中，慕尼黑工业大学成立了专业的终身教职委员会，通过终身教职制度学习班、科学管理研讨会、终身教职追踪与评估会议等方式为新入职的教师提供专业的辅助与支持，帮助新入职教师尽快适应教师职业的学术与教学生活；同时帮助学术产出和教学责任心明显下降的部分教师（特别是终身教职教师）找出原因，并通过绩效工资制度加以有效引导与影响，以最终实现其绩效的提升。

二 构建"大学—学院 & 研究中心"的跨学科矩阵式学术组织模式

纵观慕尼黑工业大学的发展历史，其学科专业随着社会经济的发展经历不断分化的过程。时至今日，除院系作为基本学术组织单元外，其还形成了众多较为独立、功能不同的边缘或交叉学科研究中心，特别是以整合性研究中心和卓越集群为代表。总的来看，慕尼黑工业大学的学科专业演变呈现以下两种特征。一是学科主体结构与交叉结构的有机统一。随着科学技术日益向纵深发展，各学科的分支越来越庞杂，这必然意味着原有的知识体系不断分化，进而原有的学科领域内产生更多的子学科或研究方向；同时经过分化之后的学科，其出现交叉的趋势又愈加明显以解决日益复杂的重大科学研究问题（Boulmakoul and Besri, 2013）。二是学科静态固定与动态演变的有机统一。学科演变需要漫长历史的逐步积累，同时随着社会经济和科学技术的进步而发展改变，从传统四大学部，到院系制度的形成，再到科学研究中心的蓬勃发展，这在德国经历700余年的发展历史。因此，时至今日，"大学—学院 & 研究中心"的跨学科矩阵式学术组织模式成为进行知识传授、整合与创新的有效载体和组织形式。同时，为适应欧洲高等教育一体化建设的趋势，慕尼黑工业大学积极推进传统的学位制度改革，并引入了 ECTS 学分系统以实现本校学位与国内以及欧洲其他大学授予学位的有效衔接。总的来看，"大学—学院 & 研究中心"的跨学科矩阵式学术组织模式适应了德国目前社会经济和科学技术发展的要求，能有力地通过推进交叉科学的发展实现科学上的突破与技术上的创新，同时也为复合型、实用型和创新型人才的培养提供了良好的学术生态环境。

三 专业学习与工程实践深度融合的课程体系和教学模式构建

具体来看，慕尼黑工业大学课程体系和教学模式构建的基本特征主要包括在专业教育的基础上推行通识教育、课程体系设计的连贯性与层次性、注重教学形式的多样性、理论知识学习与社会实践环节有机结合、自主学习和严格考核的有机统一等五个方面。一是在专业教育的基础上推行通识教育。与美国大学的综合性素质教育、英国大学的宽厚专业教育相比，慕尼黑工业大学的教育独具特色，其更加重视专业性教育的作用与地位（王英杰、刘宝存，2008）。美国的专业教育和通识教育一般是分开的，即一般在专业课程之外另外专门开设通识教育类课程，而德国一般不专门开设通识教育类课程，而是通过跨学科性质的课程、宽口径的专业课程以及工业实践/实习，即在专业课程的基础上采用多样化的教学形式进行内容拓展来实现通识教育的理念。总之，慕尼黑工业大学通过推行弹性式专业教育，极大地拓展了学生的知识结构和视野，在相当程度上也达到了通识教育的效果。二是课程体系设计的连贯性与层次性。首先，从课程类型来看，前面是必修模块的课程学习，旨在掌握该专业所必备的基础知识；后面是选修模块的学习，主要为了增强学生的个人兴趣和能力，以及促进未来的职业发展。其中本科生 1~4 学期是必修模块学习，在必修模块学习中期，会安排一次考试来对学生基础知识的掌握情况进行诊断，5~6 学期是选修模块学习；硕士生前两个学期是必修模块学习，后两个学期是选修模块学习。其次，从课程教学内容上，注重课程内容由浅及深、分层推进、有机衔接，促进学生从宽厚的通识性知识逐渐到精深的专业性知识。三是注重教学形式的多样性。讲座、练习以及实践是慕尼黑工业大学开展教学的基本形式。除此之外，其逐步发展了电子学习工具、经验方法、网上课程、研讨会、教程等多种教学形式，他们共同构成了慕尼黑工业大学的教学形式框架体系。通过多种教学形式的有机配合，特别是将现代信息技术元素融入日常教学之中，最大限度激发课程的灵活性和学生学习的兴趣。四是注重将理论知识学习与社会实践环节有机结合。慕尼黑工业大学的学生之所以深受企业的欢迎，很大程度上在于学生在毕业时不仅具备了较强的理论知识，而且熟练掌握解决工业实际问题的实践技能。不同于美国的职业后工业实践培训体系，德国高校一般将工业实践有效融入人才培养过程之中，两者是有机衔接、紧密配合的相辅相成关系。例如，慕尼黑工业大学偏向实践的本科生一般要完成半年左右的工业实践；偏向理论的本科生则要至少完成3个月的工业实践。此外，练习课、实验课以及讨论课等多种课程教学形式，其在相当程度上也发挥着工业实践的功效。五是自主学习和严格考核的有机统一。慕尼黑工业大学非常注重发掘学生的自学能力和学习兴趣，大部分课程的课堂学习与自主学习时间分配基本持平。学生拥有充分的自由完成各门课程的学习，当然这种自主学习的质量是要通过严格的考核来检验的。慕尼黑工业大学规定每门课程都要通过考试或考核才能获得学分，在本科阶段经过两个学期的基本知识学习之后，还要通过一次专业的考试才能继续学习，否则只能选择补习课程、转换专业，甚至退学。慕尼黑工业大学正是通过这种制度安排，既高度激发了学生自主学习、探索未知的积极性，又通过严格的考试保证了学生培养的质量达到国际水准。

四 多措并举的多样化人才培养模式

长期以来，德国高校一直奉行教学与研究相统一、现代学徒制等传统的精英人才培养理念，虽然人才培养的质量较高，但均质化、同构化现象严重，同时也面临着与国际高等教育市场的严重脱节。随着高等教育国际化进程日益深入，慕尼黑工业大学也顺应这一历史潮流，通过入学、培养以及就业三个阶段的积极改革培养多样化的人才。首先，在入学阶段，引入能力倾向评估/推荐制度，以期实现学校或专业的选择能与学生的个人爱好、个性发展以及未来的职业发展实现"精准"匹配。其次，在培养阶段，慕尼黑工业大学注重与大学、科研机构、企业开展密切合作，从而打破院系之间的壁垒和传统学科之间的束缚，实现各学科前沿知识的有效交叉与融合，进而最终增强学生的跨学科能力以保障其有效应对日益复杂的工程问题挑战。同时，积极拓展全球合作伙伴网络，有效培养学生的全球化视野与技能。最后，在毕业阶段，通过个人创业扶持、聚焦未来产业、创新方法、风险投资、数字化网络枢纽、人工智能应用倡议以及国际性网络等多种形式支持学生的创新创业，努力拓展学生的职业生涯发展渠道。总的来看，慕尼黑工业大学已经成功将学生的培养过程从校园内部拓展到未来的国内外社会，并有效整合校内外、国内外各种资源，进而形成多管齐下的多元化人才培养新格局。

第六章
专业认证视野下中国工程教育质量保障体系的实践探索与经验借鉴

第一节 中国工程教育的历史变迁

一 近代以来工程教育的肇始与兴起

我国真正意义的近现代高等教育肇始于鸦片战争以后。与普通高等教育一样，我国的工程教育同样产生于这一时期，并且都不是国内传统教育体系自然演进的结果，而是移植西方国家高等教育办学模式的结果（王杰、朱红春、郄海霞，2009）。因此，我国工程教育从一开始就打上了后发"移植型"和"追赶型"的烙印。经过两次鸦片战争失败以后，19世纪60年代，清政府掀起一场引进西方先进技术，重点发展军事工业的洋务运动。洋务运动以"自强""求富"为口号，在此后的30余年间逐步创办了20多所新式学校，其主要可以分成三类：一是军事类学校，如上海的江南机器制造总局（1865年）、福州的马尾船政学堂（1866年）、天津的北洋水师学堂（1881年）和天津武备学堂（1885年）等，这一类院校数量最为众多，规模最为庞大；二是技术类学校，如福州电报学堂（1876年）、北洋电报学堂（1880年）和上海电报学堂（1882年）等；三是语言文化类学校，如京师同文馆（1862年）、上海广方言馆（1863年）、广州同文馆（1864年）和万木草堂（1891年）等。这些学校普遍移植西方的办学模式，推行学科分类，进而设置相应的课程，其在很大程度上催生了我国工程教育产生的萌芽，也培养了清政府发展工业经济急需的一批工程技术专业人才。总的来看，洋务运动促进了我国近代工业企业的产生与发展，并在此基础上初步形成工程教育的雏形，但其未在国家工业化发展进程中发挥重要作用，也未实现洋务运动"自强""求富"的基本目标。因此，盛宣怀在总结长达30余年的洋务运动时提到，"实业与人才相表里，非此不足以致富强"。

19世纪90年代中期，甲午战争的失败，正式宣告清政府以"自强""求富"为口号的洋务运动全面破产。随后，1895年成立的天津中西学堂标志着我国正式进入现代意义上的工程教育时期（王沛民、顾建民、刘伟民，2015）。天津中西学堂具备了现代大学的基本制度特征，从层级来看，设头等学堂和二等学堂两级，前者相当于专科层次教育，后者相当于中学，为升入大学做准备；从学科设置来看，主要设置工程、矿冶、机器、电学以及律例等专业。此后，京师大学堂（1898年）、山东大学堂（1901年）、山西大学堂（1902年）等学校陆续开办。总的来看，这一时期开办的大学堂在组织结构、课程设置上已具备现代大学的雏形，但从其职能上来看，其只注重课堂教学或实践，以及各类实用型技术人才培养，并没有开展科学研究的职能。

民国时期，我国的工程教育开始进入功能转型时期，即教学与科研并重发展时期。此时，洪堡"教学与科研相统一"的办学理念已经逐步影响到中国。1920年，部分工程类院校已经开始组建专业的科学实验室，开展科学研究。例如，当时交通大学（起源于1896年的山海关北洋铁路官学堂与南洋公学）的机械、无线电、材料和电机4个实验室；北洋大学（前身为1895年成立的天津中西学堂）的机械、水利、物理、化学、材料和冶金6个实验室。1931年，民国教育部颁布法令，"鼓励各国立大学筹设研究所/实验室，以开展科学研究"，至抗战全面爆发前夕，已经有南开大学、武汉大学、北京大学和交通大学等12所大学相继建立 25 个研究所/实验室。除研究所/实验室外，各种工程类专业学会也相继建立，如交通大学的工程学会（1921 年）、清华大学的土木工程学会（1932 年）、北洋大学的机械、矿冶、土木和机电学会（1936 年）等。此外，1933 年，中国第一水工试验所正式成立，其标志着我国第一个独立于高校之外的现代工程类专业科研机构的诞生，其成立之后在河流治理方面发挥了相当重要的作用。随着各种工程教育研究相关机构的建立，各种专业刊物也相继创刊，如北洋工学院的《北洋理工季刊》（1933 年）；清华大学的《国立清华大学土木工程学会会刊》（1932 年）；南洋公学的《南洋周刊》（1919 年）、《科学世界》（1920 年）。总的来看，在这一时期，开展科学研究已经被写入大学的办学章程，同时一大批研究所/实验室、专业学会以及专业科研机构相继建立，科研刊物也相继创刊，取得了较为丰硕的成果。此后，伴随着抗日战争的全面爆发，工程教育的发展陷入停滞状态。

二 新中国成立后工程教育的发展与演进

新中国成立初期，我国高等教育办学体制开始全面向苏联学习。经过 1952 年院系调整之后，综合类高校大幅减少，工科类院校数量大幅增加（黄金林、魏双燕、郭春光，2004）。在这一时期，大学的主要任务在于恢复教学，培养社会主义建设急需的各类专业性人才，科学研究依旧处于停滞状态，直至改革开放以后。20 世纪 80 年代中期，《中共中央关于教育体制改革的决定》正式发布，文件中提出高校要建立"教学、科研和生产联合体"，我国现代高等教育的教学、科研和社会服务三大职能由此确立。

总的来看，新中国成立以来，我国工程教育为社会培养了 2000 多万的工程科技人才，为中国的工业化建设和社会经济发展做出了巨大贡献。截至 2015 年，我国共有 1650 所高等院校设立了工科专业，专业布点数达到 16284 个（吴爱华，2016）。目前中国正处于工业化快速发展的时期，这样的历史阶段就决定了中国对工程科技人才有旺盛的需求，中国高校工科类本科在校生数和毕业生数都呈现出迅速增加的趋势。从表 6-1 中可以看出，2001~2015 年工科类本科在校生数由 1573665 人增加到 5375655 人，年均增长率达到 9.2%左右，工科类本科在校生数占据整个高等教育在校生总数的 1/3 左右；招生数由 498984 人增加到 1378558 人，年均增长率达到 7.5%；毕业生数由 219563 人增加到 1226730 人，年均增长率达到 13.1%。从规模上讲，中国工程教育已稳居世界第一，成为名副其实的世界工程教育大国。

表 6-1 我国普通高校工科类本科招生数、毕业生数和在校生数基本情况

单位：人，%

年份	招生数	毕业生数	在校生数	在校生总数	占比
2001	498984	219563	1573665	4243744	37.1
2002	543447	252024	2156584	5270845	40.9
2003	595398	351537	2424903	6292089	38.5
2004	669745	442463	2424903	7378436	32.9
2005	739668	517225	2699776	8488188	31.8
2006	798106	575634	2958802	9433395	31.4
2007	890510	633744	3205516	10243030	31.3
2008	943738	704604	3475740	11042207	31.5
2009	1023678	763635	3718959	11798511	31.5
2010	1108832	813218	3995779	12656132	31.6
2011	1134270	884542	4275808	13496577	31.7
2012	1195234	964583	4522917	14270888	31.7
2013	1274915	1058768	4953334	14944353	33.1
2014	1132226	113226	5119977	15410653	33.2
2015	1378558	1226730	5375655	16129535	33.3

资料来源：中华人民共和国教育部发展规划司编《中国教育统计年鉴》，中国统计出版社，2002~2016。

随着我国工程教育规模的迅速扩大，以及对工程科技人才的培养质量提出更高的要求，工程人才质量保障面临着严峻的考验，具体包括院校同质化发展现象严重、注册工程师制度与专业认证制度缺乏有效衔接、工程类学生普遍缺乏工程实践经历、工程类院校与企业合作不够紧

密以及专业建设与课程体系迟滞导致难以与产业结构转型升级相适应等多重问题。从另一方面来看,经济全球化日益向纵深方向发展,工程教育的国际化趋势也越来越清晰,工程人才的跨国(境)流动也愈加频繁。在这个过程中,建立具有国际实质等效的工程教育专业认证体系已成为中国教育界和工程界众多学者的广泛共识。

第二节 中国工程教育专业认证的发展历史沿革

我国开展工程教育专业认证的实践时间尚短,自 1992 年起在建筑学领域开展专业认证的试点工作,至今已经有 30 余年的发展历史。20 世纪 80 年代末,原建设部(现为住房和城乡建设部)在构建建筑领域的注册工程师制度时,对英、美等发达国家的相关制度进行考察。在考察中发现,英、美等国建筑专业的学生在进入市场就业时,必须达到 3E 要求才能获得正式的注册建筑师资格(方峥,2013)。所谓 3E,首先是教育程度(Education),即必须获得建筑学领域的本专科学位,而且获得学位的所在专业必须通过专业认证机构认证才是有效的;其次是实践经验(Exercise),即必须在建筑领域有一定时间的工作经验,时间一般在 1~2 年;最后是资格考试(Examination),即必须通过行业协会组织的资格考试。因此,在借鉴发达国家经验的基础上,1990 年我国成立全国高等学校建筑学专业教育评估委员会,该会制定了一整套关于章程、目标、认证标准、认证程序以及认证方法的制度性文件。自 1992 年起,我国开始在清华大学、天津大学、同济大学和东南大学 4 所高校进行土建类相关专业的认证试点实践,具体包括 6 个专业:建筑学(1992 年)、土木工程(1995 年)、城市规划(1998 年)、建筑工程管理(1999 年)、给排水工程(2004 年)和建筑环境与设备工程(2005 年)(孙娜,2016)。

2005 年,全国工程师制度改革协调小组成立,专门负责工程师制度改革的相关工作。小组下设三个专业的工作小组：一是教育部，其主要负责工程教育专业认证制度的构建；二是中国科学技术协会，其主要负责专业认证和注册工程师的对外联络、协调和沟通；三是中国工程院，其主要负责工程师相关专业的分类与标准设计。在小组的总体指导下，2006年，我国开始工程教育认证的全面试点，率先在计算机、机械、电气和化工4个专业领域开展专业认证，并开始筹备加入国际互认相关协议——《华盛顿协议》（WA）。次年，全国工程教育专业认证专家委员会正式成立，其是在教育部的直接领导下专门负责全国的工程教育专业认证的专家组织。在参考美国认证标准设计理念的基础上，专家委员会制定了包括认证目标、认证政策、认证标准、认证程序以及管理办法在内的一系列相关文件体系，这为我国工程教育专业认证在制度性层面的完善奠定基础。2012年，新筹建的中国工程教育专业认证协会开始逐步接手专家委员会的相关工作。

2015年10月，中国工程教育专业认证协会正式成立，其是经教育部授权，中国科学技术协会领导下的由56家单位会员（见表6-2）和个人会员组成的社会团体组织，也是我国唯一负责工程教育专业认证工作的专业机构。2013年初，在韩国举行的国际工程联盟（IEA）大会上，中国科学技术协会正式提交加入《华盛顿协议》（WA）的申请报告，并与当时的15个正式成员进行高层互访和积极交流。同年6月，我国顺利成为《华盛顿协议》（WA）的预备成员。2016年6月，在马来西亚举办的国际工程联盟（IEA）会议上，我国加入《华盛顿协议》（WA）的申请获得全票通过，中国成为其第18个正式成员。加入《华盛顿协议》（WA）对中国工程教育的发展影响无疑是重大的，这主要体现在三个层面：一是从国际层面来看，其标志着我国融入了国际工程教育的主流体系，其人才培养和认证体系得到国际社会的认可；二是国家层面来看，标志着我国构建起相对完善的专业认证体系以有效保障工程教育质量；三是从工程教育本身来看，为我国工程教育在学科专业建设、教育教学、人才培养、国际合作等多方面的改革指明了方向。总的来看，我国工程教育专业认证虽然仅有30余年的发展历史，但取得的成就是举世瞩目的，已经构建起一整套相对完善的以专业认证为核心的工程教育质量保障体系。

表6-2　中国工程教育专业认证协会单位会员概况

序号	单位会员名称	序号	单位会员名称
1	中国兵工学会	29	中国汽车工程学会
2	中国测绘学会	30	中国轻工业联合会
3	中国地质学会	31	中国软件行业协会
4	中国电工技术学会	32	中国石油和化学工业联合会
5	中国电机工程学会	33	中国食品科学技术学会
6	中国电力企业联合会	34	中国水利学会
7	中国电子学会	35	中国铁道学会
8	中国纺织工业联合会	36	中国通信学会
9	中国复合材料学会	37	中国土木工程学会
10	中国钢铁工业协会	38	中国仪器仪表学会
11	中国高等教育学会	39	中国有色金属工业协会
12	中国光学光电子行业协会	40	中国造船工程学会
13	中国航空学会	41	中国职业安全健康协会
14	中国核能行业协会	42	中国自动化学会
15	中国核学会	43	教育部高等教育教学评估中心
16	中国环境保护产业协会	44	中国科协培训和人才服务中心
17	中国环境科学学会	45	联合国教科文组织高等教育创新中心（中国深圳）
18	中国机械工程学会	46	中国公路学会
19	中国机械工业联合会	47	中国纺织工程学会
20	中国建设教育协会	48	河南省教育评估中心
21	中国建筑材料联合会	49	广东省工程师学会
22	中国建筑学会	50	上海市工程师学会
23	中国交通教育研究会	51	江苏省工程师学会
24	中国交通运输协会	52	江苏省教育评估院
25	中国金属学会	53	黑龙江教师发展学院（黑龙江省教育评估院）
26	中国矿业联合会	54	北京工程师学会
27	中国煤炭工业协会	55	重庆市工程师协会
28	中国农业工程学会	56	山东省工程师协会

资料来源：根据公开资料整理而得。

第三节　中国工程教育专业认证
制度体系的构建

一　认证目标

与工程教育一样,我国的专业认证制度并不是国内工业经济和工程教育自然演进而自发建立的,而更多的是移植西方国家专业认证制度模式的结果,其中尤其以美国代表。具体来看,在我国,开展工程教育专业认证的主要目标主要包括以下四方面。

一是构建符合我国国情的工程教育质量监控体系,引导工程教育教育教学改革,有效提升工程教育的整体质量。随着我国工程教育规模的迅速扩大,与其他学科的高等教育一样,工程教育人才培养质量也面临着严峻的考验与挑战,因此专业认证制度成为回应社会公众质疑、提升企业信心的一种行之有效的手段,它可以及时发现工程教育发展过程中存在的问题,并通过积极的教育教学改革,实现人才培养质量的持续提升。

二是为构建工程教育专业认证制度与注册工程师制度有效衔接的制度体系奠定基础。作为对专业技术类行业实行准入控制的有效手段,注册工程师制度的地位至关重要,其确保着进入企业工作的人员在理论知识、实践能力以及工程伦理等方面达到了固定的水准。但从目前来看,除建筑类专业,我国专业认证制度和注册工程师制度是相互脱节的,这使得专业认证制度本身的作用大大弱化;同时这也间接导致我国的工程类毕业生难以达到进入国际市场就业的门槛。因此,推进两种制度的有机衔接、有效配合也是工程教育专业认证制度未来改革的重要目标之一。

三是为建立工程教育国际互认奠定基础,有效提升我国工程教育和工程科技人才的国际竞争力。专业认证制度的建立是加入国际互认协议的基础,在借鉴发达国家工程教育专业认证制度体系,以及充分考虑自身国情的基础上,只有构建其符合国际要求的工程教育认证标准和程序体系才能顺利加入《华盛顿协议》(WA),同时为加入其他国际互认协议奠定基础,进而才能实现我国工程教育人才培养质量的国际实质等效,才能够有效实现我国工程教育的毕业生到国际市场就业,与其他国家的工程师一较高下。

四是提升企业对工程教育的参与度,以及工程教育人才的认可度,有效实现企业需求与人才培养的有机协调。目前,我国企业参与工程教育的程度整体不高,也难以对高校的教育教学和人才培养环节施加重要影响,这导致的问题就是企业对高校培养的工程类毕业生认可度普遍不高,而工程教育的最终目标是培养社会需要的合格工程师。因此,专业认证的重要目标在于引导企业积极参与到工程教育教育教学和人才培养改革中来,进而促进高校按照工业经济发展对工程师的职业素养要求调整人才培养目标、层次和数量要求。

二 认证机构

中国工程教育专业认证协会正式成立于2015年10月,是唯一负责全国工程教育专业认证工作的专业性认证组织。目前,其单位会员覆盖了全国绝大多数主要的工程类行业协会,个人会员主要包括来自高等院校的专家学者、企业的负责人以及教育部、人社部等政府部门的专业人员等。在中国科学技术协会的指导下,理事会、秘书处以及监事会主要负责中国工程教育专业认证协会的主要日常行政类工作;理事会下设的各专业类认证委员会、学术委员会以及认证结论审议委员会主要负责专业认证的实际执行工作。

会员大会及其下设的理事会是中国工程教育专业认证协会的最高权力机构,主要职责分为四个方面:一是构建工程教育专业认证制度体系;二是工程教育专业认证中的重大事项决策;三是审议并批准通用标准和专业补充标准;四是审议并任命各专业类认证委会、学术委员会以及认证结论审议委员会的组成人员名单等。监事会负责监督整个协会的运行情况，其主要职责包括四个方面：一是监督理事会及其下属机构、秘书处及其下属机构的日常工作；二是监督各专业类认证委员会的认证工作、认证程序及现场考查是否公正透明；三是接受各被认证单位对于认证结果或过程的申诉，并根据事实做出公正裁决；四是接受社会各界对专业认证工作的质询、批评与建议。秘书处主要负责为工程教育专业认证提供资源、技术以及后勤服务支持，主要下设综合部、学术部、培训咨询部、认证部、国际部以及信息部6个部门，其中综合部的主要职能是协调各部门的工作或为其提供各类服务；学术部的主要职能是协助学术委员会制定各类制度性文件，为其准备或搜集各类相关资料，并开展各类工程教育专业认证相关学术研究；培训咨询部的主要职能是组织专业认证专家进行业务培训，并为其提供信息咨询服务；认证部的职能主要协助各专业类认证委员会开展认证的具体实施工作；国际部的主要职能是拓展专业认证的国际交流与合作；信息部的主要职能是负责工程教育专业认证的对外宣传工作，并发布各类相关信息。

理事会下设的各专业类认证委员会、认证结论审议委员会和学术委员会具体负责工程教育专业认证的实际执行工作。各专业类认证委员会是按照各自学科大类成立的，负责本学科领域内的专业认证实施工作。截至目前，各专业类认证委员会主要包括电子信息与电气工程、水利类、计算机类、环境类、交通运输类等20个专业类认证委员会。各专业类认证委员会的主要职责包括：(1) 负责组织本学科领域专业认证的整体工作；(2) 制定本学科领域内的相关制度性文件和专业补充标准；(3) 推荐本学科领域内专业认证现场考查的专家人选，并与秘书处的培训咨询部协同开展专家的业务培训工作；(4) 组织专家队伍赴各高校相关专业进行现场考查；(5) 撰写认证报告，并给出认证结论建议提交认证结论审议委员会审议。学术委员会的主要职责包括：(1) 制定专业认证相关制度性文件；(2) 为各专业类认证委员会认证工作的开展提供咨询服务；(3) 对现场考查的认证专家的基本资质进行审核；(4) 为认证工作的开展提供学术性服务与支持；(5) 组织各专业类认证委员会开展各种形式的学术性活动。认证结论审议委员会职能相对单一，其主要职责是在讨论各专业类认证委员会提交的认证报告与认证结论建议的基础上，做出最终的认证结论，并提交理事会予以核准。

三 认证标准

认证标准是工程教育专业认证制度构建中最为核心的部分。我国工程教育专业认证标准主要包括两个部分：通用标准和专业补充标准。其中通用标准是所有认证专业所要达到的最低要求，专业补充标准则是各学科领域根据自身的学科特点所制定的特殊标准，是本学科领域进行认证时所要达到的相关标准。我国在制定工程教育专业认证标准体系时必须遵守以下原则：

● 科学性：必须符合国际工程教育发展的基本规律，以及我国工程教育的发展水平；

● 开放性：高校与企业必须通力合作，让企业更多地参与到认证制度的建设中来，以构建起符合工业经济发展需求的认证标准体系；

● 适应性：必须适应我国社会主义现代化建设的具体国情；

● 发展性：标准设计必须兼具稳定与灵活，稳定在于能够保持制度的有效贯彻，灵活在于能够反映国内外社会需求的变化；

● 等效性：设计的指标必须符合《华盛顿协议》（WA）等国际互认协议的基本水准。

具体来看，我国的通用标准指标体系共包括7个指标，即培养目标、课程体系、师资队伍、支持条件、学生发展、毕业要求和持续改进（见表6-3）。一是培养目标。培养目标主要包括：（1）基于学校发展的基本定位，制定适应社会经济发展要求的培养目标；（2）制定的培养目标能够反映未来一段内学生职业发展的预期成就，这个时间段至少要达到5年以上；（3）定期与企业协作，对培养目标进行评价，并根据评价结果进行培养目标的修订。

表 6-3　工程教育专业认证标准及内涵解读

类型	指标	内涵点
通用标准	培养目标	适应社会经济发展要求
		能够反映未来一段内学生职业发展的预期成就
		定期与企业协作，对培养目标进行评价，并根据评价结果进行修订
	课程体系	工程基础类课程、专业基础类课程和专业类课程
		数学与自然科学类课程
		工程实践与毕业设计（论文）
		通识教育类课程
	师资队伍	师资数量与结构
		教师的职业素养能够满足教学
		教师参与教学的积极程度
		教师对学生有足够的指导
		明确的教师职责
	支持条件	教室、实验室及设备等基础设施的数量与结构
		计算机、图书室以及网络资源等硬件的数量与结构
		较为充足的教学经费
		支持教师队伍建设和教师职业发展
		为学生实践活动、创新活动提供必要的支持
		较为规范的教学管理与服务
	学生发展	优秀生源的吸引
		完善的学习指导、心理辅导以及就业指导等
		学生学习过程追踪与评估
		明确的转学、转专业学生学分的认定
	持续改进	教学质量过程监控机制
		毕业生跟踪反馈机制
		根据评价结果进行持续的专业改进
	毕业要求	(1) 工程知识；(2) 问题分析；(3) 设计/开发解决方案；(4) 科学研究；(5) 工程与社会；(6) 现代信息化工具使用；(7) 职业伦理与规范；(8) 环境与可持续发展；(9) 沟通；(10) 项目管理；(11) 团队协作；(12) 终身学习
专业补充标准		各专业的特殊要求，主要包括师资队伍、课程体系以及支撑条件等内容

资料来源：根据公开资料整理而得。

二是课程体系。在与企业进行合作的基础上，课程体系主要包括：（1）工程基础类课程、专业基础类课程和专业类课程要达到一定比例，至少占30%，其中专业类课程能体现本专业的专业性知识，工程基础类课程和专业基础类课程能体现工程类的综合性知识；（2）数学与自然科学类课程要达到一定比例，至少占15%；（3）工程实践与毕业设计（论文）要达到一定比例，至少占20%，工程实践要与企业通力合作，毕业论文的审核要有企业的参与；（4）通识教育类课程要占到一定比例，至少占20%。

三是师资队伍。师资队伍主要包括：（1）师资队伍的数量与结构要能够满足教学的需要，并且包含一定数量的企业一线技术人员；（2）教师的教学能力、工程经验、技术水平、团队协调等职业素养要能够满足教学的需求；（3）教师投入教学的积极程度较高，不仅包括日常的教学工作，也包括教育教学研究和改革；（4）教师对学生有足够的指导，包括日常学习、学术指导以及职业生涯发展指导等；（5）要制定明确的教师职责，有效提升其责任心，以促使其不断地提升教学水平。

四是支持条件。支持条件主要包括：（1）教室、实验室及设备等基础设施的数量与结构要能够满足教师教学和学生学习的需求；（2）计算机、图书室以及网络资源等硬件的数量与结构要能够满足教师教学和学生学习的需求；（3）较为充足的教学经费以保证满足教学的需求；（4）支持教师队伍建设，并建立完善的教师职业发展机制，特别是中青年教师的培养与激励；（5）为学生实践活动、创新活动提供必要的资金、技术以及场地支持等；（6）制定较为规范的教学管理与服务制度。

五是学生发展。学生发展主要包括：（1）有明确的制度性措施，形成对优秀生源的较高吸引力；（2）完善的学习指导、心理辅导以及就业指导等措施，并得以充分的施行；（3）对学生学习过程建立有完善的追踪与评估系统，并能够根据评估结果不断进行改进，以保证学生毕业时能够达到基本要求；（4）制定明确的转学、转专业学生的学分认定制度。

六是持续改进。持续改进主要包括：（1）建立完善的教学质量过程监控机制，对课程设置、教学满意度、教师满意度、专业满意度等教学质量是否达到要求形成有效评价；（2）建立完善的毕业生跟踪反馈机制，对毕业生的未来发展形成准确追踪，并进行有效评价；（3）能够提供评价结果被用于持续改进本专业教学质量的有效证据，包括书面报告、音像资料以及录音材料等。

七是毕业要求。毕业要求是指学生毕业时所要具备的基本能力，主要包括：（1）工程知识，能够将学习到的工程基础知识、自然科学知识以及专业性知识等综合运用于解决现实中的工程实践问题，特别是现代复杂工程问题；（2）问题分析，能够运用工程理论知识分析出现实中工程问题存在的原因，找出并分析其工程基本原理；（3）设计/开发解决方案，对现实中的工程实践问题系统地设计解决方案，在方案设计的过程中必须考虑到社会、经济、环境、安全以及文化等要素；（4）科学研究，能够运用实验设计、数据解释与分析等科学方法对现实中复杂工程问题进行系统的研究；（5）工程与社会，能够分析工程实践过程中可能对社会、经济、环境、安全以及文化等产生的影响；（6）现代信息化工具使用，能够运用现代信息化工具高效地进行工程类的科学研究，或有效运用到实践中的工程问题解决；（7）职业伦理与规范，能够较好学习和遵守工程伦理与道德规范，具有高度的社会责任感和科学道德修养；（8）环境与可持续发展，在工程实践中充分考虑环境因素，并采取实际可行的措施减少对环境的影响，并最终以促进生态环境的可持续发展为目标；（9）沟通，能够通过撰写报告、语言交流以及远程通话等方式与工程界专业人士和社会公众进行沟通，其中特别是与跨学科、跨文化的国际专业人士的高效沟通；（10）项目管理，能有运用管理科学与工程的基本知识对工程项目进行科学管理，以保证工程项目能够按时按量完成，并有效减少工程成本；（11）团队协作，能够充分融入多学科组成的团队中，并进行高效协作，或在团队中能够较好地承担领导人的角色；（12）终身学习，具备终身学习的意识和能力以实现专业技能的不断更新，进而有效适应技术快速变革的现代社会。

总的来看，我国工程教育专业认证标准体系的设计主要呈现以下特点：一是认证标准的7个指标是具有高度逻辑连贯性与一致性的（见图6-1）。学生发展是中心；培养目标和毕业要求是实现学生发展的具体体现与要求，其对学生的发展发挥着导向的作用；课程体系、师资队伍和支持条件为实现学生发展提供资源、技术和物质保障；而持续改进则对学生发展目标的实现起着监督与控制的作用。二是认证标准中的12条基本能力要求，基本上涵盖了《华盛顿协议》（WA）制定的国际上较为通行的12条毕业生能力要求，体现了结果导向性的特点，同时也达到了认证标准国际可比性的基本要求。三是内涵点并非通用标准中7个指标的二级指标，而只是为专业认证和高校学科建设提供一个参考框架。这实际上充分体现了其灵活性的特点，各高校可以根据自身实际情况和参考框架要求较为灵活制定和实施本学科的人才培养计划。四是专业补充标准并非单设的独立指标，而是根据各学科的自身特点对通用标准中的7个指标进一步补充或延伸。

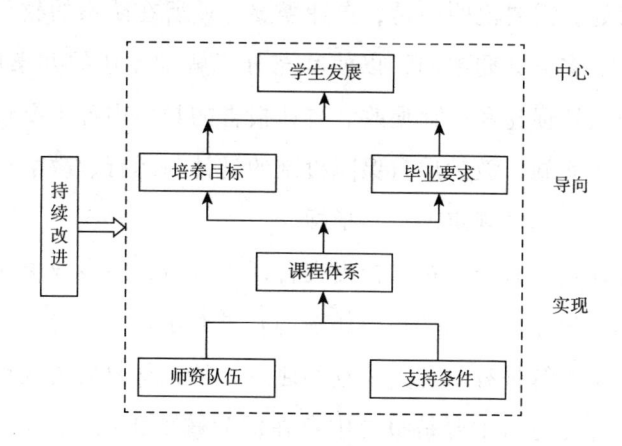

图 6-1 标准要素逻辑关系

资料来源：根据公开资料整理而得。

四 认证流程

专业认证的基本流程包括认证申请与受理、学校组织自评与提交自评报告、自评报告审查、组织专家现场考查、认证结论与申诉、认证状态保持与持续改进6个环节。[①]

一是认证申请与受理。在自愿的基础上，学校撰写认证申请书，并提交协会秘书处。协会秘书处协同相应专业类认证委员会对认证申请书进行初步审核其基本资质是否合格。基本资质主要包括：一是申请专业属于按教育部要求设立的工程类本科专业范围；二是已经形成较为稳定的办学机制，至少已经有三届本科毕业生毕业。符合基本资质的予以受理；不符合基本资质的会由协会秘书处做出说明反馈到高校，待高校达到基本资质后再申请。

二是学校组织自评与提交自评报告。自评是学校对自身的办学条件、教育教学、人才培养过程以及毕业生就业等是否达到预期目标的自我审视与检查，以保证其办学质量达到专业认证标准的各项指标。在进行自我评估的基础上，需要按照协会的认证要求撰写自我评估报告，并提交给秘书处。需要说明的是，自评需要专业所在院系的教师、学生以及管理人员的多方共同参与，以使其充分了解本专业的办学质量情况，以最终实现以评促建和以评促改。自评报告的具体内容主要包括人才培养方案制定与实施、教学质量保障机制的设计与运行、教学环节的各类支持条件等认证标准规定的7个指标。

三是自评报告审查。在学校提交自评报告后，各专业类认证委员会组织专业人员按照认证标准指标体系的要求对学校相关专业的办学水平进行审查。审查结果有三种：审查不通过、补充材料后再次审查和审查通过，其中补充材料主要是报告中存在的问题修正或缺失内容的补充，补充材料完成后单独提交。

[①] 《工程教育认证程序》，中国工程教育专业认证协会，2022年3月22日，https://www.ceeaa.org.cn/gcjyyzrzxh/rzcxjbz/rzcx/index.html。

四是组织专家现场考查。组织现场考查的主要目标在于核查院校提交自评报告的准确性、真实性，以及自评报告中难以了解的各项情况。现场考查主要分为四个步骤：首先，相关专业类认证委员会组建专家队伍，并与培训咨询部协作对其进行业务培训；专家应在现场考查前至少4周以上收到自评报告。其次，进入到现场考查，这个环节一般不超过3天。专家组首先召开筹备会，明确各自分工；此后，与学校相关负责人进行接洽，就考查要求、内容和流程与学校及被考查专业负责人就考查各项行程进行充分协商和沟通。在进行充分协商和沟通的基础上，专家队伍进行现场考查，其主要内容主要包括四部分：一是计算机、教室、实验室、图书室以及网络资源等硬件设施；二是近5年内学生的考试试卷、平时作业、实验报告、毕业设计（论文）以及社会实践报告或其他形式的学生作品/成果；三是随机现场观摩教师上课，具体包括日常课程、实验室教学、课外教学以及实习教学等；四是考查任何能反映教学质量或人才培养质量的各类项目/活动。在进行现场考查的基础上，专家队伍还要与教师、学生、管理人员代表以及院系负责人就本专业的办学情况进行单独或集体访谈，在个别情况下，还会与学校相关负责人进行座谈。在现场考查和访谈后，认证专家队伍应该在15日内完成现场考查报告的撰写并提交相关专业类认证委员会进行审议。

五是认证结论与申诉。在收到现场考查报告之后，专业类认证委员会应将报告发回至相关单位进行确认，如有异议，需在15日内向委员会提出；如无异议，则直接进入审议环节。专业类认证委员会根据现场考查报告和自评报告进行充分讨论，在此基础上进行无记名投票做出认证结论建议，并提交认证结论审议委员会。最后理事会召开会议，听取认证结论审议委员会的报告，并做出最终结论：第一种是不通过，不通过的相关单位可在1年后继续申请或选择放弃；第二种是通过认证，有效期为3年；第三种是通过认证，有效期为6年。认证结果由秘书处负责通知相关院校，不通过的相关院校可以在1个月内选择向协会进行申诉；协会一般应该在2个月内做出最终裁定。

六是认证状态保持与持续改进。认证通过的相关院校以及所在专业应该认真总结自评和现场考查中存在的问题，并通过切实有效的措施实现认证状态保持与持续改进。其中认证结论有效期为 6 年的相关单位每两年需要向本专业所在专业类认证委员会汇报学科建设与改革情况；认证结论有效期为 3 年的相关单位每年都需要向本专业所在专业类认证委员会汇报学科建设与改革情况。同时为实现认证状态保持与持续改进，对于不按时汇报学科建设与改革情况的相关单位，协会可以责令其改正，甚至终止其认证有效期。此外，协会在认为有必要的情况下，特别是本专业的基本办学情况发生重大变化时，可以组织专家队伍进行回访。最后，在认证有效期截至 1 年内，相关单位需要再次提出认证申请以实现认证过程的连续性。

第四节　比较视野下中国工程教育专业认证存在的问题与挑战

20 世纪 80 年代末期，美国、英国等 6 个国家的工程教育组织发起旨在推进工程类本科学历互认的国际协议——《华盛顿协议》（WA）。该协议的主要目标是通过专业认证制度的建设推进学历互认，进而促进成员国的工程类从业人员的跨国/境流动；进一步，通过认证标准的实质等效和国际可比，构建全球范围内的工程教育质量保障框架。经过 30 多年的发展，《华盛顿协议》（WA）的规模不断扩大，影响力持续增强，已经成为全球范围内认可度和影响力最高的工程教育专业认证组织。为了实现《华盛顿协议》（WA）国际可比的目标，各签约成员都在实质等效性的前提下，制定各自的认证标准和程序，呈现出很大的相同点。从目前来看，我国工程教育专业认证体系的构建和运行过程中都相当程度上以美国作为范例，进而忽视了自身的具体国情和发展特色；此外，在实际运行过程中，也出现了不少新的问题和挑战。本书主要从制度层面、组织层面、技术层面和实践层面四个维度与《华盛顿协议》

(WA）签约典型成员展开分析。

一 制度层面：认证标准和毕业生要求设计忽视自身特色

在工程教育专业认证体系构建中，《华盛顿协议》大多数签约成员的政府、高校、企业和行业协会等利益相关者对其认可度很高；四者扮演着不同的角色，发挥着不同的功能，相互博弈与协作，促进了工程教育专业认证体系的良性循环和健康发展。以认证标准的设计为例，1997年，美国工程与技术认证委员会（ABET）采用"EC2000"，实现了工程教学评估体系的革新。"EC2000"强调对学习结果的评估，而不是教学过程或内容，很快得到了《华盛顿协议》签约成员的认同，很多签约成员在认证标准的设计过程中都借鉴了"EC2000"。"EC2000"是工程与技术认证委员会（ABET）经过近十年的构思与设计才推出的，在其设计的过程中，美国政府、高校、企业和行业协会等利益相关者都积极参与其中，发挥着不同的功能；在各方充分参与的前提下，认证体系得到较高认可，拥有较高的权威性和影响力。

我国认证体系的设计理念与《华盛顿协议》保持了较高的一致性，认证标准设计借鉴"EC2000"，采用"结果导向"的基本原则，即将学生的素质和潜能表现作为衡量教学成果的依据，并以促进其持续改进作为认证的最终目标（韩晓燕、张彦通，2005）。具体来看，我国的认证标准和毕业生要求设计过度追求与《华盛顿协议》（WA）保持完全一致，很大程度忽视了本国的国情与特色，这就在多方面形成问题。首先，我国的认证标准设计没有充分考虑到不同层次高校需求的差异性，并没有针对不同高校的办学实力设计具有层次性的认证标准。高校之间工程教育的办学定位、层次和综合实力差距巨大。对部分研究型大学来说，其工程教育实力十分雄厚，可以轻松达到工程教育专业认证的标准；而对部分民办高校或职业院校来说，其工程教育实力较为薄弱，几乎很难达到工程教育专业认证的标准。认证难度太大或太小都会影响高校参与认证的积极性。其次，20个专业类认证委员会的专业补充标准设计也保持了高度一致，都是对培养目标、课程体系、师资队伍、支持条件、学生发展、持续改进和毕业要求等通用标准中的7个指标进一步补充或延伸，基本主要集中在课程体系、师资队伍以及支持条件三个维度，这在相当程度上也忽视了各专业类本身的特色和实际。

二 组织层面：政府对工程教育专业认证依旧发挥着主导作用

各国工程教育专业认证机构的发展历史长短不一，形式也各具特色，但专业认证机构的出现都是与当时工业革命引发的工业经济迅速发展紧密相关，工业的崛起必然需要培养大量的工程师人才，而大量工程师的出现推动了不同类型、功能和层次的专业工程师组织的产生与发展。起初，各国工程师组织的任务主要包括职业准入标准制定、工程师资格评估与注册、提供教育和培训以及行业咨询等。20世纪90年代初以来，随着经济全球化进程的加速推进和保障本国工程教育质量的需要，专业认证逐渐成为各国工程教育管理机构最为重要的职能。总体来看，无论是美国的ABET，还是英国的ECUK、德国的ASIIN以及法国的CTI，名称和功能定位均有所不同，但其代理性质是相同的，即不论是英、美等以分权为主的国家，还是德、法等以集权为主的国家，其政府一般避免对大学事务的直接干预，而是通过非官方、独立性的专业认证组织来施加对工程教育的影响以有效保障工程教育质量的持续提高。例如，美国的ABET作为一个完全独立于政府之外的由35个社会、专业和技术学会组成的会员制组织，拥有完善的管理机制和组织架构，具有较高独立性和专业性，其认证的权威性已得到官方和非官方的共同认可（毕家驹，2005）。而德国的ASIIN虽然是在政府的引导下建立的，但政府并未参与到其具体的管理工作之中，而是给予其充分的自主权以确保认证工作的公平、公正开展。

因此，从国外负责工程教育专业认证的组织来看，一般都是非官方、独立性的民间机构。与之相比，我国与《华盛顿协议》（WA）大多数成员有较大不同，政府部门是目前我国工程教育认证体系构建的主导者。从目前来看，我国工程教育认证体系的设计基本是政府主导、高校参与的，缺乏企业的有效参与，此外行业协会的作用也没有得到有效发挥；另外，我国高校在实际培养过程中缺乏对学生工程意识的培养，重理论、轻实践的现象依旧存在，导致毕业生的工程实践能力依然较为薄弱；高校培养的工程人才不能完全满足企业的实际需求，这也是造成企业对工程教育专业认证参与热情不高的原因之一。总体来看，企业对中国工程教育认证体系的认可度有待提高，专业认证的社会影响力需进一步加强。总的来看，我国政府多以直接的行政手段参与工程教育专业认证制度构建之中，虽然后来逐步通过中国科学技术协会领导下的中国工程教育专业认证专业协会来推动工程教育专业认证的独立性与专业性，但官方主导色彩依旧存在；政府部门的人员依旧可以直接参与到工程教育专业认证的具体实施之中。同时，高校虽然较多地参与到认证体系的构建中，但其与政府的职能划分却显得模糊不清；而企业和行业协会在其中发挥的作用更是微乎其微。政府过度干预专业认证工作很大程度上会影响高校、企业和行业协会参与认证工作的积极主动性，从而大幅降低专业认证的公信度、透明度和公正度。

三 技术层面：专业认证制度和注册工程师制度的衔接缺失

推进专业认证体系建设的最终目标是保证毕业生在其工作的职业领域内经过一定时间后拥有合格的专业技术资质，并继续保持和提高其职业能力（王孙禺、孔钢城、雷环，2007）。因此，实现专业认证制度和注册工程师制度的有效衔接就显得至关重要。目前，美、英、德、法等发达国家或直接建立了兼有专业认证和注册工程师职能的综合性认证管理机构，或建立起两者之间管理机构的紧密联系机制，从而在技术层面上构建起一套完善的工程教育质量保障体系。以美国为例，工程与技术认证委员会（ABET）和全国工程和测量考试委员会（National Council of Examiners for Engineering and Surveying，NCEES）分别负责工程教育专业认证、注册工程师的工作,但两者之间建立起了有效的紧密联系机制。NCEES 规定只有在通过 ABET 认证的专业取得学士学位,而且通过工程基础(Fundamentals of Engineering, FE)考试和注册工程师(Professional Engineer, PE)资格考试才有资格成为注册工程师。因此,获得通过 ABET 的认证是进行注册工程师的必备条件;NCEES 组织的 FE 和 PE 考试的内容与 ABET 制定的"EC2000"的准则要求也是高度一致的。[1] 此外,从组织结构来看,NCEES 是 ABET 的七个创始成员之一,而且其在 ABET 的管理工作和日常运行中都扮演重要的功能。英国工程理事会(EUCK)则是兼有专业认证和注册工程师职能的综合性认证管理机构,其通过下属的 35 个专业学会不仅负责工程教育专业认证工作的开展,而且为达到特许工程师、技术工程师和专业技师基本标准的会员提供注册服务。[2]

目前中国除建筑类等相关专业实现专业认证制度和注册工程师制度的有效衔接以外,其余大部分专业的专业认证始终处于相对孤立的状态,未能与注册工程师制度实现有效衔接。据有调查显示,部分学校和学生对专业认证的热情开始降低,很多高校、教师和学生认为通不通过认证与学校的办学质量以及学生就业并没有多大关系;企业在毕业生招聘时一般是根据学校综合实力和传统专业实力的强弱来进行考量,也不太关注学校的专业是否通过认证,更不用说将专业是否通过认证作为人才招聘的基本条件。这很大程度是由于工程教育专业认证和注册工程师两项工作各自独立运行、缺乏有效联系的结果。

四 实践层面:认证专家数量、结构和质量都尚存问题

与《华盛顿协议》(WA)的大多数签约成员相比,中国工程教育专业认证数量巨大,而且认证规模增长速度过快。自 2006 年之后,中

---

[1] NCEES. Credentials Evaluations, 2022-03-22, https://ncees.org/records/ncees-credentials-evaluations/.
[2] ECUK. About Us, 2022-03-22, https://www.engc.org.uk/about-us/.

国专业认证规模逐年加大，受理数由 2006 年的 8 个专业增加到 2020 年的 671 个专业（见图 6-2）。2006~2012 年专业认证规模基本稳定在 20~30 个专业；以 2012 年为节点，2013 年以后认证规模迅速增加到 100 个专业以上。截至 2020 年底，我国认证专业大类共有 22 个，占全国工程教育专业大类总数的 70.0%；认证通过数达到 1600 个工科类专业点，占全国工科类专业布点总数的 8.4%。因此，面对如此庞大的工科类专业布点数量，我国未来的专业认证工作面临着如何能够保质保量完成的重大挑战。

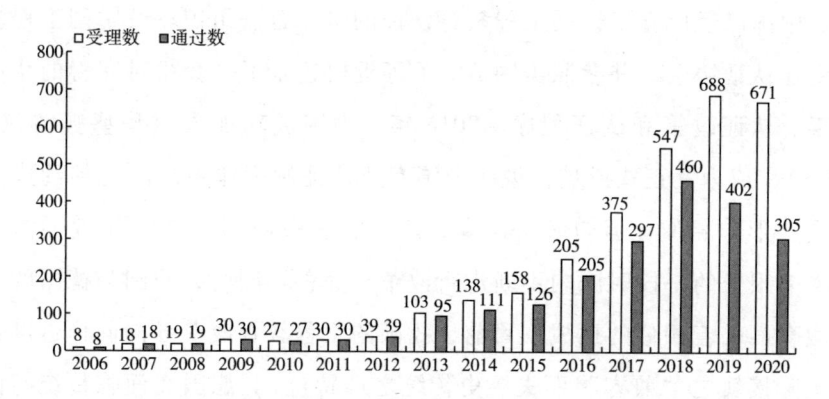

图 6-2　我国专业认证受理数与通过数（2006~2020 年）
资料来源：根据公开资料整理而得。

《华盛顿协议》（WA）大部分成员的认证机构成立的时间较早，有着较为丰富的实践经验，形成了一支数量庞大、结构合理和质量较高的认证专家队伍。从实际情况来看，中国认证专家队伍在数量、结构和质量等方面都存在不少问题。首先，从数量来看，美国的 ABET 目前有 2200 多名来自高校、企业的认证专家队伍构成；德国的 ASIIN 也有 1600 名来自工业大学、应用技术大学和企业的认证专家队伍。而目前中国专业认证仅有 1300 人左右的专家队伍，显然难以保质保量地完成目前数量如此庞大的专业认证工作。其次，从结构来看，认证专家小组中来自企业或行业协会专家的比例明显偏低。最后，从质量来看，实际参与认证的专家主要来自高校在职教师和教务行政人员，他们一般通过简单的培训就成为见习认证专家,通过参与一次认证工作就成为正式认证专家。因此,相当一部分专家对工程教育专业认证的理念、原则和标准掌握得不够,认证工作的经验相对不足。

第五节 中国工程教育质量保障体系的改革趋向和政策建议

自2005年全国工程师制度协调改革小组成立以来,经过17年的发展,中国已经成立了开展工程教育认证的唯一合法组织——中国工程教育专业认证协会,并参照美国ABET等机构建立了一套相对完善的认证标准、认证政策和认证程序。2016年,中国成功加入《华盛顿协议》(WA),成为其正式成员,说明中国专业认证制度体系已经与签约成员实现"形"相似,但如何在具体的认证实践中做到"神"等效还需要在未来很长的一段时间内不断进行改革与完善。同时,我国与德国的工程教育面临着相似的挑战。目前,我国的工程教育改革导向同样过度追求国际接轨之"兼容"而失历史传统之"特色"。德国在面临传统与国际的冲突之时,选择退出了《华盛顿协议》(WA)。而从我国目前发展的实际来看,融入《华盛顿协议》(WA)依然是我国工程教育发展的重要方向和最优选择,但在融入的过程中,我国也应该借鉴德国工程教育质量保障的优点和长处,以加强自身工程教育专业认证的特色建设。具体来看,我国在未来工程教育专业认证制度发展中应该着重在以下四个方面进行改进与完善。

一 在认证标准和毕业生要求设计中充分考虑自身国情与特色

为追求与《华盛顿协议》(WA)签约国的实质等效和国际可比,我国工程教育专业认证标准和毕业生要求的设计与其保持高度一致,很大程度忽视了本国的国情与特色。首先,未来我国认证制度改革的重点在于与《华盛顿协议》(WA)保持实质等效的前提下,充分考虑专业类的不同特色和差异性，制定符合各专业类实际发展需求和特色的专业认证标准体系。其次，应该在充分考虑到不同层次高校需求的差异性的基础上，如何针对不同高校的办学实力设计有层次性、弹性的认证标准。最后，从实际发展情况来看，我国的工程教育毕业生在硕士层次数量十分巨大，培养质量面临严峻的考验与挑战，同样需要专业认证制度来保证培养质量，提高社会对其认可度。目前，中国可以考虑将目前的认证层次从本科层次逐步拓展至硕士层次。因此，未来如何构建适合中国国情的硕士专业认证标准设计值得深入研究。

二　减少直接行政干预，逐步构建完全独立、公正的市场化认证机构

从认证标准的制定来看，应让企业充分参与进来，以充分关注企业的诉求。目前我国工程教育人才培养普遍存在与企业的需求不完全匹配的情况，工科毕业生的实践能力，尤其是复杂工程问题的解决能力薄弱。因此，在设计专业认证标准时，应着重关注学生在已经掌握本学科理论知识的同时，是否具备解决工程实际问题并在跨领域开展研究的能力，以及企业对工科毕业生不同能力的要求情况。从认证实践来看，必须在实践各个环节让企业有着丰富实践经验的一线工程师充分参与进来，听取他们的意见与看法，对实践环节逐步进行改进和完善，从而增强企业对认证结论，乃至整个认证体系的认同感。

同时，笔者认为在我国的具体国情下，工程教育专业认证工作的开展尚处于初期探索阶段，应在成熟阶段后再逐步减少政府的直接干预，向独立、透明的市场化运作模式转变。同时，在工程教育专业认证组织的市场化建设中，应着重加强高校、企业和行业协会之间的职能划分，以提高认证工作开展的效率与质量。

三　推进专业认证与注册工程师制度的有效衔接

工程从业人员的职业生涯发展一般需要经历两个阶段：一是毕业生

阶段，即获得经过认证机构认证的专业的学历/学位；二是专业资质阶段，即经过一段时间的工业实践和经验积累达到工程师所需具备的技术资质。因此，英、美发达国家普遍建立了专业认证和注册工程师制度的有效衔接机制，其认证机构或是兼具两者功能的综合管理机构，或是在两者之间建立了紧密的联系（王玲、雷环，2008）。

目前我国的专业认证制度和注册工程师制度始终处于孤立运行、缺乏紧密联系的状态，未能建立起有效的衔接机制，这也在相当程度上造成我国的专业认证制度缺乏社会影响力和认可度。因此，借鉴包括德国在内的发达国家专业认证与注册工程师制度衔接机制已经迫在眉睫。从未来发展方向看，中国行之有效的办法主要分为两点：一是建议政府、高校和企业等利益相关者群体共同协作，制定符合各方利益诉求的工程师技术资格和工程教育学科专业两者高度对接的分类系统，为推进两者的有效衔接改革奠定基础；二是将注册工程师机构和专业认证机构整合到统一的管理系统中，以简化机构设置和运营成本，有效提升其运行效率。

四　建构数量可观、结构合理、质量较高的认证专家队伍

专业认证工作的有效实施需要一只高水平、有专业素养和丰富认证经验的认证专家队伍作为后盾。从数量来看，目前我国只有1300人左右的认证专家队伍，相对于19000多个需要认证的专业点，认证专家的数量显得十分缺乏。因此有必要适当增加认证专家的数量，以满足高校日益增长的认证需求。从结构来看，我国的认证专家队伍主要是由来自高校的专家组成的。因此，要提高企业和行业协会等来自一线的专家的比例，真正从"用户"的角度评价工程教育的质量。从质量来看，由于认证工作开展的时间较短，中国对认证专家的培训明显不足，很多专家对新制定的认证标准不够熟悉，尺度把握上存在较大分歧。此外，从培训的内容看，其主要关注工程教育发展与改革、专业认证与评估制度、专业认证与教学改革、专业认证标准设计与基本程序、基于学习产出导向的教学模式构建等内容，缺乏对专业认证职业素养与伦理相关内

容的专业培训；在我国这样一个"人情社会"比较严重的国家，有必要加强对专家队伍的职业素养与伦理培训，以提高认证的公平性、公正性以及透明性。总之，建设一支数量可观、结构合理、质量较高的专家队伍，对提高工程教育专业认证的效率和质量至关重要。

参考文献

阿尔都塞，路易、艾蒂安·巴里巴尔：《读〈资本论〉》，李其庆、冯文光译，中央编译出版社，2015。

埃茨科威兹，亨利：《创业型大学与创新的三螺旋模型》，《科学学研究》2009年第4期。

毕家驹、沈祖炎：《我国工程教育与国际接轨势在必行》，《高等工程教育研究》1995年第3期。

毕家驹：《关于华盛顿协议新进展的评述》，《中国高等教育评估》1999a年第4期。

毕家驹：《关于土木工程专业评估的评述和建议》，《中国高等教育评估》1999b年第1期。

毕家驹：《国际高等教育质量保证的发展动向》，《中国高等教育评估》2006年第4期。

毕家驹：《美国ABET的工程专业鉴定新进展》，《高教发展与评估》2005年第5期。

毕家驹：《美国工程学位教育的质量保证》，《同济教育研究》1997年第4期。

毕家驹：《学位与专门职业资格的国际相互承认》，《高等工程教育研究》1996年第4期。

蔡宗模、陈韫春：《高等教育质量：概念内涵与质量标准》，《清华大学教育研究》2012年第3期。

陈利华、赵津婷、姚立敏、李恒威、刘向东：《基于〈华盛顿协议〉的高等工程教育的探索与实践》，《中国大学教学》2017年第10期。

陈以一：《我国工程专业评估工作亟待加快——兼读ABET 2004~2005评估年度准则》，《高等工程教育研究》2004年第5期。

陈玉琨：《高等教育质量保障体系概论》，北京师范大学出版社，2004。

陈志田：《GB/T19000—ISO9000—1994质量管理和质量保证系列国家标准宣贯教材》，中国计量出版社，1995。

戴明，W. 爱德华兹：《戴明论质量管理》，钟汉清、戴永久译，海南出版社，2003。

邓志军、李艳兰：《论德国行业协会参与职业教育的途径和特点》，《中国职业技术教育》2010年第19期。

董秀华：《市场准入与高校专业认证制度研究》，华东师范大学博士学位论文，2004。

樊一阳、易静怡：《〈华盛顿协议〉对我国高等工程教育的启示》，《中国高教研究》2014年第8期。

方峥：《中国工程教育认证国际化之路——成为〈华盛顿协议〉预备成员之后》，《高等工程教育研究》2013年第6期。

弗里曼，R. 爱德华：《战略管理——利益相关者方法》，王彦华、梁豪译，上海译文出版社，2006。

付婧：《美德高等工程教育专业认证制度的比较研究》，清华大学硕士学位论文，2007。

高辉、陆筱霞：《韩国高等工程教育认证体系的概况与启示》，教育部中南地区高等学校电子电气基础课教学研究会第二十届学术年会，2010。

葛洛曼，菲利普、菲利克斯·劳耐尔：《国际视野下的职业教育师资培养》，石伟平译，外语教学与研究出版社，2011。

韩晓燕、张彦通、王伟：《高等工程教育专业认证研究综述》，《高等工程教育研究》2006年第6期。

韩晓燕、张彦通：《试论我国高等工程教育专业认证制度的构建》，《高等工程教育研究》2005年第1期。

胡赤弟：《高等教育中的利益相关者分析》，《教育研究》2005年第3期。

胡德鑫：《德国工程教育专业认证制度的变迁逻辑及其启示——基于历史制度主义的分析范式》，《高校教育管理》2017年第6期。

胡子祥：《高等教育质量评估中利益相关者参与机制探析》，《黑龙江高教研究》2008年第9期。

黄金林、魏双燕、郭春光：《高等工程教育应用型人才培养探讨——高等工程教育的历史沿革、发展状况和存在问题》，《长春工程学院学报》（社会科学版）2004年第3期。

姜大源：《德国职业教育改革重大举措——德国新"职业教育法"解读》，《中国职业技术教育》2005年第14期。

姜维：《19世纪走向强盛的德国高等教育研究》，浙江师范大学硕士学位论文，2015。

蒋冀聘、徐超富：《大众化条件下高等教育质量保障体系研究》，湖南师范大学出版社，2008。

Kaiser, Walter, Wolfgang Konig：《工程师史——一种延续六千年的职业》，顾士渊、孙玉华、胡春春、周庆译，高等教育出版社，2008。

克劳士比，菲利普：《质量无泪》，零缺陷管理中国研究院·克劳士比管理顾问中心译，中国财政经济出版社，2002。

蓝江桥：《美国高校工程技术专业教学质量的评价》，《比较教育研究》2004年第4期。

雷庆：《我国工程教育专业认证的现状及若干建议》，《大学（研究与评价）》2008年第1期。

李福华：《高等教育质量：内涵、属性和评价》，《现代大学教育》

2003年第3期。

李国强、江彤、熊海贝：《法国高等教育与高等工程教育概况》，《高等建筑教育》2013年第2期。

李茂国、张彦通、张志英：《工程教育专业认证：注册工程师认证制度的基础》，《高等工程教育研究》2005年第4期。

李茂国、张志英、张彦通：《积极推进专业评估与认证，引导工程教育协调发展》，《高等工程教育研究》2005年第5期。

李奇：《论我国高等教育质量保障体系的建构》，《国家教育行政学院学报》2010年第11期。

李文静、周志刚：《德国职业学校教育质量保障：经验与借鉴》，《中国职业技术教育》2014年第24期。

李文静：《德国职业学校教育质量保障体系研究》，天津大学博士学位论文，2014。

李正、林凤：《欧洲高等工程教育发展现状及改革趋势》，《高等工程教育研究》2009年第4期。

李志仁：《论高等教育质量保障及高等教育质量保障体系的建立》，电子高等教育学术研讨会，2003。

李志仁：《我国应建立高等教育质量保障体系》，《高教探索》2001年第2期。

林健、胡德鑫：《国际工程教育改革经验的比较与借鉴——基于美、英、德、法四国的范例》，《高等工程教育研究》2018年第2期。

林健：《工程教育认证与工程教育改革和发展》，《高等工程教育研究》2015年第2期。

林健：《基于工程教育认证的"卓越工程师教育培养计划"质量评价探析》，《高等工程教育研究》2014年第5期。

林永柏：《关于高等教育质量概念的界定》，《教育科学》2007年第6期。

刘河燕：《欧洲中世纪大学课程探析》，《甘肃社会科学》2012年第 6 期。

刘鸿：《法、美、德、俄高等工程教育"卓越"之缘》，《大学教育科学》2012 年第 2 期。

刘盛纲：《美国、加拿大高等教育评估译文集：高等学校工科类专业的评估》（第三分册），同济大学出版社，1987。

刘跃斌：《德国行业协会的服务职能》，《德国研究》1998 年第 2 期。

罗索夫斯基，亨利：《美国校园文化——学生·教授·管理》，谢宗仙、周灵芝、马宝兰译，山东人民出版社，1996。

牛风蕊、沈红：《建国以来我国高校教师发展制度的变迁逻辑——基于历史制度主义的分析》，《中国高教研究》2015 年第 5 期。

潘懋元、陈春梅：《高等教育质量建设的理论设计》，《高等教育研究》2016 年第 3 期。

彭未名：《高等教育质量的本质与特性探析》，《交通高教研究》2002 年第 3 期。

清华大学工程教育认证考察团：《德国工程教育认证及改革与发展的考察报告》，《高等工程教育研究》2006 年第 1 期。

日本世界教育史研究会：《六国技术教育史》，教育科学出版社，1984。

石学霞：《新西兰高等职业教育质量保障体系研究——以理工学院为例》，上海师范大学硕士学位论文，2012。

史秋衡、罗丹：《从市场介入的视角辨析高等教育质量保障概念》，2005 年中国教育经济学年会，2005。

孙宏芳：《国家工业化崛起阶段的中美德工程教育》，清华大学硕士学位论文，1999。

孙娜：《我国高等工程教育专业认证发展现状分析及其展望》，《创新与创业教育》2016 年第 1 期。

汪辉：《美欧日高等工程教育质量评估机制的比较》，《高等工程教育研究》2006年第2期。

王建初、刘鸣东：《德国高等职业技术教育的师资队伍建设》，《比较教育研究》2005年第9期。

王杰、朱红春、郄海霞：《我国高等工程教育的起源和转型》，《西南交通大学学报》（社会科学版）2009年第1期。

王玲、雷环：《〈华盛顿协议〉签约成员的工程教育认证特点及其对我国的启示》，《清华大学教育研究》2008年第5期。

王沛民、顾建民、刘伟民：《工程教育基础——工程教育理念和实践的研究》，高等教育出版社，2015。

王沛民、顾建民：《美德两国工程教育结构比较与分析》，《学位与研究生教育》1994年第9期。

王森：《德国政府支持大学创业——EXIST计划概要》，《全球科技经济瞭望》2002年第3期。

王孙禺、孔钢城、雷环：《〈华盛顿协议〉及其对我国工程教育的借鉴意义》，《高等工程教育研究》2007年第1期。

王孙禺、袁本涛、黄明东：《高等教育组织与管理》，高等教育出版社，2008。

王孙禺、赵自强、雷环：《中国工程教育认证制度的构建与完善——国际实质等效的认证制度建设十年回望》，《高等工程教育研究》2014年第5期。

王英杰、刘宝存：《世界一流大学的形成与发展》，山西教育出版社，2008。

王战军、乔伟峰：《中国高等教育质量保障的新理念和新制度》，《清华大学教育研究》2014年第3期。

吴爱华：《建设工程教育强国 服务产业转型升级》，《高等工程教育研究》2016年第3期。

谢笑珍：《"大工程观"的涵义、本质特征探析》，《高等工程教育研究》2008年第3期。

熊耕：《美国高等教育认证制度的特点分析》，《比较教育研究》2002年第9期。

徐东：《高等教育大众化阶段西方国家高等教育质量评价体系的比较研究——以美、日、英、德为例》，《国家教育行政学院学报》2008年第3期。

徐理勤：《博洛尼亚进程中的德国高等教育改革及其启示》，《德国研究》2008年第3期。

姚韬、王红、佘元冠：《我国高等工程教育专业认证问题的探究——基于〈华盛顿协议〉的视角》，《大学教育科学》2014年第4期。

于蕾、刘玉萍、李薇、王彬：《工程教育认证模式下的人才培养模式》，《计算机教育》2016年第7期。

于淼：《美国与德国工程师培养模式比较研究》，大连理工大学硕士学位论文，2010。

余寿文：《关于高等工程教育几个基本概念研究的注记》，《高等工程教育研究》2007年第1期。

余寿文：《培养现代中国工程师任重道远》，《高等工程教育研究》2000年第4期。

余天佐、蒋建伟、任锐、刘少雪、庄颖：《基于工程教育认证标准的持续质量改进——以Z大学全国示范性软件工程专业为例》，《清华大学教育研究》2015年第6期。

余天佐、刘少雪：《从外部评估转向自我改进——美国工程教育专业认证标准EC2000的变革及启示》，《高等工程教育研究》2014年第6期。

余小波：《高等教育质量概念：内涵与外延》，《高教发展与评估》2005年第11期。

袁本涛、王孙禺：《日本高等工程教育认证概况及其对我国的启示》，《高等工程教育研究》2006年第3期。

袁本涛、郑娟：《博洛尼亚进程后欧洲工程教育专业认证的发展研究——以欧洲工程教育认证网络为例》，《清华大学教育研究》2015年第1期。

张翠琴：《德国应用科技大学（FH）研究》，西南大学硕士学位论文，2008。

张珏：《我国高等工程教育内部质量保障体系研究》，天津大学硕士学位论文，2014。

张维、王孙禺、江丕权：《工业教育与工业竞争力》，清华大学出版社，2003。

张文雪：《中国特色工程教育专业认证制度研究》，清华大学博士学位论文，2009。

张彦通、韩晓燕：《美、德工程教育专业认证制度的特色与借鉴》，《中国高等教育》，2006年第2期。

张应强、苏永建：《高等教育质量保障：反思、批判与变革》，《教育研究》2014年第5期。

赵春红、秦现生、唐虹：《美德日的工程教育对比及对中国的启示》，2005年中国机械工程学会年会，2005。

赵炬明：《超越评估（上）——中国高等教育质量保障体系建设之设想》，《高等工程教育研究》2008年第6期。

赵炬明：《超越评估（下）——中国高等教育质量保障体系建设之设想》，《高等工程教育研究》2009年第1期。

赵黎明、赵冬梅、罗格非、何健：《美德工程教育特色及其对我国专业学位教育的启示》，中国学位与研究生教育学会第五次会员代表大会，2015。

郑娟、王孙禺：《英国工程教育专业认证与工程师职业资格衔接机制研究》，《中国大学教学》2017年第2期。

钟秉林：《面向新世纪的中国高等教育质量保障与评估》，《世界教育信息》2001年第7期。

朱高峰:《关于中国工程教育的改革与发展问题》,《高等工程教育研究》2005年第2期。

朱兰,约瑟夫·M.、约瑟夫·A.德费欧:《朱兰质量手册:通向卓越绩效的全面指南》(第6版),焦叔斌、苏强、杨坤、段桂江、姜琳、岳盼想译,中国人民大学出版社,2013。

朱湘虹:《论质量是我国高等教育发展的核心》,《煤炭高教研究》2003年第2期。

朱永东、叶玉嘉:《美国工程教育专业认证标准研究》,《现代大学教育》2009年第3期。

邹晓东:《研究型大学学科组织创新研究》,浙江大学博士学位论文,2003。

Akduman, I., L. Özkale, Ekinci, E., 2001, "Accreditation in Turkish Universities." *European Journal of Engineering Education* 3: 231-239.

Beeby, C. E., 1969, *Qualitative Aspects of Educational Planning*. Paris: UNESCO Press.

Boreham, N., 2002, "Work Process Knowledge, Curriculum Control and the Work-Based Route to Vovational Qualifications." *British Journal of Educational Studies* 2: 225-237.

Borri, C., F. Maffioli, 2007, *Re-engineering Engineering Education in Europe*. Firenze: Firenze University Press.

Bose, S., L. Roberts, G. White, 2017, "The Perceived Value and Impact of the Transference of a U. S. Model of Accreditation to National Christian Schools in Latin America." *European Journal of Engineering Education* 2: 144-171.

Boulmakoul, A., Z. Besri, 2013, "Structural Analysis Foundations for Enterprise Organizational Re-engineering." *International Journal of Computer Applications* 13: 3197-3200.

Brusselmans, G., 2000, "Accreditation of Engineering Studies: Formal

Systems Versus Individual Responsibility." *European Journal of Engineering Education* 1: 3-8.

Carron, G., T. N. Châu, 1981, *Reduction of Regional Disparities: the Role of Educational Planning.* Paris: UNESCO Press.

Castillo, D., J. Alvarez, 2000, "Evaluation and Accreditation of Engineering Programmes in Latin America." *European Journal of Engineering Education* 3: 281-290.

De Barros, A. S., 2001, "Engineering Courses and Accreditation in Portugal." *European Journal of Engineering Education* 2: 195-203.

Dotchin, J. A., J. S. Oakland, 1992, "Theories and Concepts in Total Quality Management." *Total Quality Management* 2: 133-146.

Dunn, M. B., C. Jones, 2010, "Institutional Logics and Institutional Pluralism: the Contestation of Care and Science Logics in Medical Education, 1967-2005." *Administrative Science Quarterly* 1: 114-149.

Fuller, B., 1986, *Raising School Quality in Developing Countries: What Investments Boost Learning?* . Washington, DC: The World Bank.

Goodrick, E., T. Reay, 2011, "Constellations of Institutional Logics: Change in the Professional Work of Pharmacists." *Work and Occupation* 3: 372-416.

Green, D., 1994, *What is Quality in Higher Education.* Buckingham: Society for Research into Higher Education and Open University Press.

Hall, P. A., R. C. R. Taylor, 1996, "Political Science and the Three New Institutionalism." *Political Studies* 5: 936-957.

Hanushek, E., M. E. Lockheed, 1987, *Improving the Efficiency of Education in Developing Countries: Review of the Evidence.* Washington, DC: The World Bank.

Harcleroad, F. F., 1983, *Accreditation: Voluntary Enterprise in Understanding Accreditation.* San Francisca: Jossey-Bass Publishers.

Harman, G., 1996, *Quality Assurance for Higher Education: Developing and Managing Quality Assurance for Higher Education Systems and Institutions in Asia and the Pacific.* Bangkok: PROAP.

Hazelkorn, E., 2014, "Reflections on Decade of Global Ranking: What We've Learned and Outstanding Issues." *European Journal of Education* 1: 12-28.

Hurt-Avila, K. M., J. Castillo, 2017, "Accreditation, Professional Identity Development, and Professional Competence: A Discriminant Analysis." *European Journal of Engineering Education* 1: 39-51.

Karapetrovic, S., D. Rajamani, W. Willborn, 1998, "Quality Assurance in Engineering Education: Comparison of Accreditation Schemes and ISO 9001." *European Journal of Engineering Education* 2: 199-213.

Laughton, D., 2003, "Why was the QAA Approach to Teaching Quality Assessment Rejected by Academics in UK HE?." *Assessment and Evaluation in Higher Education* 3: 309-321.

Lenn, M. P., 1987, "Accreditation, Certification and Licensure." *New Directions for Higher Education* 57: 49-63.

Letelier, M. F., R. Carrasco, 2004, "Higher Education Assessment and Accreditation in Chile: State-of-the-Art and Trends." *European Journal of Engineering Education* 1: 119-124.

Lim, D., 2001, *Quality Assurance in Higher Education: A study of Developing Countries.* Burlington, VT: Ashgate Publishing Company.

Lounsbury, M., 2007, "A Tale of Two Cities: Competing Logics and Practice Variation in the Professionalizing of Mature Funds." *Academy of Management Journal* 2: 289-307.

Lounsbury, M., E. Boxenbaum, 2013, *Institutional Logics in Action*, Part B. Bingley: Emerald Group Publishing.

Lundgreen, P., 1990, "Engineering Education in Europe and the

USA, 1750 – 1930: The Rise to Dominance of School Culture and the Engineering Professions." *Annals of Science* 1: 33-75.

Mialaret, G., 1985, "Réflexions personnelles sur la qualité de l'éducation." *Education Comparée* 37: 69-80.

Nethercot, D. A., 1999, "Professional Accreditation In the Construction Sector: The Role Of The UK' S JBM." *European Journal of Engineering Education* 2: 133-137.

Neumann, K., H. E. Fischer, A. Kauertz, 2010, "From PISA to educational standards: The impact of large-scale assessments on science education in Germany." *International Journal of Science and Mathematics Education* 3: 545-563.

Nguyen, K. D., D. E. Oliver, L. E. Priddy, 2009, "Criteria for Accreditation in Vietnam's Higher Education: Focus on Input or Outcome?." *European Journal of Engineering Education* 2: 123-134.

Ohnaka, I., 2001, "Introduction of an Accreditation System in Japan." *European Journal of Engineering Education* 3: 247-253.

Patil, A., G. Codner, 2007, "Accreditation of Engineering Education: Review, Observations and Proposal for Global Accreditation." *European Journal of Engineering Education* 6: 639-651.

Pokholkov, Y. P., A. I. Chuchlin, E. A. Morozova, O. V. Boev, 2004, "The Accreditation of Engineering Programmes in Russia." *European Journal of Engineering Education* 1: 163-169.

Prados, J. W., G. D. Peterson, L. R. Lattuca, 2005, "Quality Assurance of Engineering Education through Accreditation: The Impact of Engineering Criteria 2000 and Its Global Influence." *Journal of Engineering Education* 1: 165-184.

Purdy, J. M., B. Gray, 2009, "Conflicting Logics, Mechanisms of Diffusion, and Multilevel Dynamics in Emerging Institutional Fields." *Academy* of Management Journal 2: 355-380.

Rhoades, G., B. Sporn, 2002, "Quality Assurance in Europe and the U.S.: Professional and Political Economic Framing of Higher Education Policy." *Higher Education* 3: 355-390.

Schachterle, L., 1999, "Outcomes Assessment and Accreditation in US Engineering Formation." *European Journal of Engineering Education* 2: 121-131.

Solomon, N. A., R. F. Scherer, J. J. Oliveti, Mochel, L., Bryant, M., 2017, "The Perfect Match: Factors that Characterize the AACSB International Initial Accreditation Host School and Mentor Relationship.". *European Journal of Engineering Education* 3: 114-120.

Thornton, P. H., W. Ocasio, M. Lounsbury, 2012, *The institutional logics perspective: a new approach to culture, structure and process*. London: Oxford University Press.

Urban, K. K., 1991, "Recent Trends in Creativity Research and Theory in Western Europe." *High Ability Studies* 1: 99-113.

Watson, C., A. Fox, 2015, "Professional Re-accreditation: Constructing Educational Policy for Career-long Teacher Professional Learning." *European Journal of Engineering Education* 1: 132-144.

Weick, K. E., 1976, "Educational Organizations as Loosely Coupled Systems." *Administrative Science Quarterly* 1: 1-19.

Zimmerman, M. A., G. J. Zeitz, 2002, "Beyond Survival: Achieving New Venture Growth by Building Legitimacy." *Academy of Management Review* 3: 414-431.

图书在版编目(CIP)数据

德国工程教育质量保障建构机制研究 / 胡德鑫著 . -- 北京：社会科学文献出版社，2023.3
（清华工程教育）
ISBN 978-7-5228-0517-7

Ⅰ.①德… Ⅱ.①胡… Ⅲ.①高等教育-工科（教育）-教育质量-保障体系-研究-德国 Ⅳ.①G649.516

中国版本图书馆 CIP 数据核字（2022）第 143104 号

·清华工程教育·
德国工程教育质量保障建构机制研究

著　　者 / 胡德鑫

出 版 人 / 王利民
责任编辑 / 范　迎
责任印制 / 王京美

出　　版 / 社会科学文献出版社·人文分社（010）59367215
　　　　　 地址：北京市北三环中路甲 29 号院华龙大厦　邮编：100029
　　　　　 网址：www.ssap.com.cn
发　　行 / 社会科学文献出版社（010）59367028
印　　装 / 三河市尚艺印装有限公司

规　　格 / 开　本：787mm×1092mm　1/16
　　　　　 印　张：12.5　字　数：178 千字
版　　次 / 2023 年 3 月第 1 版　2023 年 3 月第 1 次印刷
书　　号 / ISBN 978-7-5228-0517-7
定　　价 / 128.00 元

读者服务电话：4008918866

版权所有 翻印必究